Jardins de fleurs
pour les gourmands

Ce livre est un hommage aux poètes
amoureux des fleurs et des jardins ;
Un hommage à la tradition chinoise de l'époque des Song,
célébrée par François Cheng, poète chinois
qui leur a consacré un beau livre :
> *D'où jaillit le chant,*
> *La voie des fleurs et des oiseaux*
> *dans la tradition des Song ;*

Un hommage à l'œuvre poétique de Jean-Clarence Lambert.
ALICE CARON LAMBERT

« Un jardin permet la pratique de la méditation
– occupez-vous d'un jardin, d'un jardin psychique
ou d'un jardin avec de la terre et des plantes,
il nous enseigne les cycles naturels et nous insuffle
l'énergie de renforcer la vie et de laisser mourir
ce qui doit disparaître. »
Clarissa Pintola Ester

Je dédie ces jardins à ma fille Ava.
COOKY DEBIDOUR

© 2001, Éditions du Chêne – Hachette Livre.

Texte et recettes inédites
Alice Caron Lambert
Stylisme & paysagisme
Cooky Debidour

Photographies
Jean-Pierre Dieterlen

Jardins de fleurs
pour les gourmands

ÉDITIONS DU CHÊNE

Sommaire

Avant-Propos, 6

Gally, premier jardin
de fleurs comestibles, 9

Balcon fleuri
et son pinson joli, 27

Sous le soleil de midi,
terrasse en ville, 49

Fantaisie en blanc
sur le toit, 71

Jardin sous abri, *93*

Jardin d'eau, *109*

Jardin secret, *129*

Entretien des jardins et culture « bio », *152*
Index des recettes, *156*

La Ferme de Gally, *157*
Index des plantes, *158*
Bibliographie et adresses, *160*

avant-propos

Depuis quelques années, la cuisine des fleurs s'impose aux gastronomes et à tous ceux qui s'intéressent à la cuisine côté jardin. Elle est pratiquée par de nombreux cuisiniers en France et à l'étranger. Elle est l'héritière de traditions anciennes, lointaines et oubliées. Ainsi s'affirme un goût nouveau pour les fleurs. Plus qu'un phénomène, il s'agit d'un profond besoin de se rapprocher de la nature. Quelques agriculteurs – encore trop peu nombreux – cultivent en France quinze à vingt-cinq fleurs destinées à la consommation, au même titre que les petits légumes, champignons et herbes aromatiques. Ces fleurs fraîches sont désormais distribuées à Rungis et commercialisées dans les magasins de gros et aux rayons frais des supermarchés. Ce concept des fleurs comestibles est donc aujourd'hui de plus en plus reconnu, mais il a cependant fallu attendre l'année 2000 pour que naisse le premier « jardin de fleurs comestibles » à la ferme de Gally, dans les Yvelines. Ce grand jardin de 400 m² en forme de fleur, que nous avons imaginé et réalisé, après l'avoir déjà pensé, sous une forme éphémère, pour la grande manifestation des jardins à Paris, est l'aboutissement d'un travail sur les jardins en relation avec la gastronomie. Il est la symbiose de notre savoir réciproque et le fruit de notre échange avec la Ferme de Gally, avec qui nous partageons une même philosophie : rendre au monde sa poésie et à chacun sa générosité, en favorisant la création de jardins nouveaux, inspirés par une nature qui nous offre sa part la plus aimable : les fleurs !

Le parti pris d'une culture « bio »

Alors que les fleurs s'apprêtent à investir votre cuisine, il convient de savoir les cultiver naturellement et de les préparer de façon appropriée. Les recettes que nous proposons vous apprendront à les utiliser en les associant à d'autres ingrédients, selon leur texture et leur parfum ; mais avant cela, il faut bien sûr éviter d'utiliser tout ce qui est nuisible à votre santé : engrais et pesticides chimiques. Car si les fleurs comestibles font appel à la gourmandise, elles nous offrent en plus

leurs bienfaits pour rester en forme. La cuisine des fleurs, c'est donc aussi le respect de la nature, c'est lutter contre l'industrialisation à outrance des cultures qui vise la rentabilité plus que la santé des consommateurs. C'est aussi le refus de produits alimentaires dont la saveur n'est plus celle de notre enfance. Nous avons connu les exquises senteurs des fruits du verger, les savoureux légumes des jardins, les odeurs marquées des plantes et racines aromatiques anciennes, qui pour la plupart avaient disparu. Ils reviennent en force aujourd'hui comme le panais, l'agastache, les variétés de menthe, les raves, les topinambours...
Il faut rééduquer notre palais, surtout celui de nos enfants ; leur apprendre à sentir, à reconnaître les nuances d'un mets. Les fleurs nous offrent un immense champ d'investigation culinaire. C'est la découverte d'une gourmandise éclairée.

Planter et cultiver son jardin de fleurs comestibles

Si de nombreuses fleurs comestibles sont à la portée de tous dans la nature, chacun peut aujourd'hui constituer un jardin de fleurs comestibles qui lui ressemble, selon la surface dont il dispose – jardin en plein air, terrasse plantée, balcon fleuri ou pots et jardinières installés à l'extérieur, posés sur le bord de la fenêtre. D'où l'idée de ce livre : pour vous aider à créer ce coin de nature, à la fois beau à regarder, délicieux à respirer et facile à vivre, nous vous proposons six jardins différents pour la ville et la campagne ; des jardins où se conjuguent la poésie, la beauté, les parfums et les saveurs pour une cuisine gourmande et raffinée qui enchantera le quotidien et réjouira vos invités. Les fleurs les plus parfumées du printemps, de l'été et de l'automne y ont été rassemblées, qui révèlent de nombreuses senteurs suaves et des goûts délicats.
« Tout cela est bien, mais à présent, cultivons notre jardin ! » comme le disait Candide. Nous allons enchanter notre quotidien.

Alice Caron Lambert & Cooky Debidour.

Gally, premier jardin de fleurs comestibles

À l'horizon le soleil se penche
Un rossignol crie
Et ses pleurs
Humectent la plus haute fleur.

Li Shang-Yin (813–858)

Une fleur, un jardin. Les « pétales » du jardin en forme de fleur sont arrêtés par une bordure d'osier tressé, comme des paniers débordant de fleurs épanouies, du plus bel effet.

*Ci-dessous
Ajoutez les pétales du pavot de Californie dans les salades vertes.*

La Ferme de Gally, située aux portes du parc de Versailles, à Saint-Cyr-l'École, propose au public 45 hectares de cueillette de fruits, légumes et fleurs au sein d'un espace paysagé. Elle est maintenant la première ferme à posséder un jardin de fleurs comestibles qui s'étend sur 400 m² et permet aux amoureux de la nature de découvrir les subtilités de plus de 170 variétés de fleurs destinées à une cuisine originale. Modèle idéal, le jardin de Gally a été créé par Alice Caron Lambert et Cooky Debidour. Il servira d'inspiration à tous ceux qui voudront composer chez-eux leur propre jardin de fleurs comestibles...

Depuis quelques années, plusieurs ouvrages regroupant des recettes à base de fleurs ont rencontré l'intérêt d'un public grandissant. Le goût pour la cuisine des fleurs a trouvé son prolongement dans le développement de nombreux jardins publics et privés, et dans l'engouement du public pour ces jardins. Plus qu'une mode, il s'agit bien d'un profond besoin de se rapprocher de la nature.

Pour une meilleure connaissance du monde des fleurs comestibles, il fallait créer un jardin, vitrine et promesse d'une gourmandise éclairée, où figureraient les six familles de fleurs à déguster : fleurs salade, fleurs légume, fleurs condiment, fleurs épice, fleurs aromatiques à sécher, fleurs dessert. L'objectif était de créer un jardin qui permette de « s'approprier » les fleurs pour une cuisine riche de beauté, de poésie, d'exquises saveurs à découvrir.

Les inflorescences de la bourrache, Borago officinalis, au goût d'huile, sont un excellent condiment. Vous pouvez la cultiver facilement en pot.

Le serpolet, ou thym sauvage, compte de nombreuses variétés; parmi lesquelles : T. serpyllum ; T. serpyllum 'Coccineus' ; 'Areus', 'Lemon Curd', 'Citriodarus', 'Snowdrift' ; T. herba-barona ; T. caespititius. La saveur de celui-ci est des plus fines comme aromate.

LA CRÉATION DU JARDIN

L'histoire de notre rencontre avec la Ferme de Gally, dans les Yvelines, est jolie : nous allions comme beaucoup y cueillir des légumes et des fruits, mais surtout les fleurs qui y sont cultivées. Et nous regrettions souvent les apports d'engrais chimiques et de pesticides que ces plantes recevaient, cultivées uniquement pour être contemplées. Un jour, nous avons fait part de cette remarque au jardinier en chef et lui avons parlé de notre double projet d'un champ de fleurs cultivées « bio » pour la cuisine, et d'un jardin de fleurs comestibles. Peu après, nous mettions en route ce projet ambitieux : un jardin botanique de fleurs comestibles, qu'on laisse vivre tout au long de l'année, en renouvelant ses floraisons chaque saison.

Son concept est inédit : il est le premier jardin public sur ce thème à exister. Ce jardin offre un large éventail d'annuelles, de vivaces, d'aromates, de plantes à bulbes, de grimpantes, d'arbustes à fleurs, qui échelonnent leurs floraisons aromatiques tout au long des saisons. Plus de cent cinquante plantes différentes y figurent, cultivées sainement, sans engrais chimiques ni pesticides, avec le parti pris de cultures rapprochées afin que les plantes s'aident mutuellement. Le long travail de recherches des plantes, alliant la comestibilité à l'esthétique, sur trois

Plus d'une centaine de saveurs de roses entrent dans la cuisine. Le parfum de la rose 'Paul Bocuse' convient aux desserts.

saisons, nous a passionnées ; il a permis de concrétiser ce projet original.

À notre initiative, la Ferme de Gally a également créé un champ de fleurs comestibles à couper et s'est lancée dans la commercialisation de nombreux produits confectionnés avec les fleurs et réalisés par des artisans : arômes floraux culinaires, sirops, vinaigres, huiles, confitures, gelées, miels, bonbons, fromages de chèvre...

Par ailleurs, au cours du printemps et de l'été, jusqu'au mois d'octobre, on y donne des cours de cuisine des fleurs en correspondance avec le jardin.

Les pétales séchés et réduits en poudre du trèfle des prés parfument la farine pour les pains et les gâteaux.

Double page suivante : Cinq ogives vertes autour du jardin sont tressées en osier vivant. Percées d'un oculus, elles donnent à découvrir cinq vues différentes.

VARIATIONS POUR UN MANDALA PARFUMÉ
Styliste-paysagiste, Cooky Debidour a imaginé ce jardin-fleur comme un mandala, un écrin parfumé. Sa démarche est poétique et symbolique : on entre dans le jardin par la tige qui représente le chemin du conscient pour arriver au cœur de la fleur, espace de méditation, d'harmonie et de paix. Une fois au cœur de la fleur on se retrouve dans un espace de promenade encerclé de « pétales » formés par de l'osier tressé soutenant des massifs. On en dénombre sept, nombre qui correspond au cycle de la lune. C'est aussi le nombre qui marque d'autres espaces de temps sacrés : les sept jours de la création, les sept jours de la semaine...

Ces massifs sont tous paysagés différemment. Les formes sont peu perceptibles à l'œil, car c'est la vibration des couleurs surtout, qui doit venir toucher le cœur. On peut ainsi y vivre la transformation du papillon, selon une légende

Au pied des arceaux sont plantés rosiers grimpants, glycine de Chine, schisandras et chèvrefeuilles parfumés…

amérindienne qui raconte que « comme le papillon emporte le pollen d'un endroit à l'autre et fertilise, l'âme fertilise l'esprit et les archétypes fertilisent le monde extérieur ».

Les arceaux qui représentent les pétales extérieurs de la fleur sont aussi au nombre de sept. Les cinq sépales, en forme d'ogives vertes, symbolisent les cinq sens. Ils sont chacun pourvus d'un oculus et si l'on emprunte le chemin extérieur à la fleur, on peut avoir cinq visions différentes du jardin.

Les matériaux

Dans ce jardin c'est l'osier, symbole de la vitalité, qui domine. Six variétés d'osier vivant constituent les sépales, et tous les massifs sont bordés d'osier tressé. Ce matériau s'est imposé à Cooky Debidour naturellement ; elle l'avait découvert avec émotion lors des Journées des Plantes de Courson, il y a plusieurs années, et

s'était dit alors qu'un jour, elle l'intégrerait dans un grand jardin. Des pavés à l'ancienne soulignent la tige et les espaces autour du cœur de la fleur.

Les fleurs

L'agencement des fleurs à l'intérieur de chacun des massifs repose sur un dessin différent qui l'anime : une vague formée d'un mélange de centhaurée et de bourrache à fleurs bleues, un œil où se marient les tons pastels des roses, des œillets et des gardénias, une fleur de lotus avec les fleurs au goût relevé comme la roquette, les primevères… La paysagiste a joué avec la couleur des fleurs et leur texture comme un peintre avec sa palette, et travaillé la masse des feuillages et la hauteur des plantes comme un sculpteur.

VARIATIONS POUR UN JARDIN DE FLEURS COMESTIBLES

Massifs et arceaux fleuris

Le jardin est composé de vingt-trois massifs et de sept arceaux fleuris qui représentent chacun les pétales de la fleur. Ces sept « pétales » sont

Le Cosmos C. bipinnatus rose fuchsia possède un arôme puissant et une saveur forte.

La fleur de la pimevère (Primula vialii) aromatisera délicatement du lait ou de l'alcool ; cristallisées, ses fleurs et ses feuilles font de délicieuses confiseries.

plantés de fleurs classées par famille culinaire. En faisant le tour par la droite on découvre les sept grands massifs et leurs arceaux : d'abord les fleurs salade (deux arceaux), puis les fleurs condiment, les fleurs légume, les fleurs épice, les fleurs dessert, et enfin les fleurs aromatiques à sécher.

De chaque côté des arceaux, un petit massif triangulaire compose son propre motif avec les fleurs correspondant à la famille du pétale. De chaque côté des sept « pétales », se trouvent des petits massifs d'herbes et de petits arbustes aromatiques.

Ogives tressées en osier vivant

Cinq ogives tressées en osier vivant représentent les sépales de la fleur. Elles sont situées à l'arrière-plan du jardin. Un oculus ménagé dans ces ogives permet de découvrir le jardin selon des angles de vue différents.

Tout au long de l'allée circulaire intérieure aux ogives, des textes d'informations culinaires vous accompagnent :

Arceau 1 : les fleurs fraîches (fleurs salade, fleurs légume, fleurs condiment).

Arceau 2 : fleurs dessert, baies et feuilles aromatiques.

Arceau 3 : inflorescences et fleurs aromatiques à sécher.

Arceau 4 : poudres de fleurs à usage d'épices.

Arceau 5 : fleurs toxiques.

Ponctuant chaque ogive d'osier vivant, des massifs sont plantés de rosiers choisis pour leur parfum délicat, suave ou épicé pour la cuisine. Ils appartiennent au groupe des massifs thématiques auquel ils font face.

Frisée fleur bleue

pour 6 personnes
préparation : 15 minutes

1 petit bol de fleurs de myosotis
10 fleurs de capucines
2 fleurs de pétunia jaune
1 salade frisée
1 bouquet de cerfeuil
1 échalote
2 tranches de jambon fumé
2 cuillerées à soupe de vinaigre de vin
1 cuillerée à café de moutarde ancienne
2 cuillerées à soupe d'huile de maïs
sel, poivre gris

1 *Épluchez et lavez la salade, égouttez-la et coupez les feuilles. Lavez les fleurs de myosotis et de capucine et égouttez-les sur du papier absorbant.*
2 *Lavez et hachez le cerfeuil. Lavez et hachez les fleurs de pétunia.*
3 *Coupez le jambon en lamelles.*
4 *Pelez l'échalote et émincez-la finement.*
5 *Préparez la vinaigrette en mélangeant du sel et du poivre au vinaigre, puis ajoutez la moutarde, l'huile, l'échalote et le hachis de pétunia.*
6 *Mélangez les fleurs de myosotis et de capucine à la salade.*
7 *Ajoutez le jambon et le cerfeuil haché.*
8 *Assaisonnez la salade juste avant de la servir.*

Vinaigrette fleurie

pour 6 personnes
préparation : 10 minutes

4 fleurs de pétunia rouge ou bleu
6 cuillerées à soupe d'huile d'olive
2 cuillerées à soupe de vinaigre de vin
1 cuillerée à soupe de vinaigre balsamique
2 branches de persil
1 petit oignon blanc
1 œuf dur
1 pincée de curry en poudre
1 pincée de poivre vert concassé
2 pincées de sel

1 *Lavez les fleurs et le persil. Pelez l'oignon. Éliminez le pédoncule de chaque fleur.*
2 *Hachez finement l'oignon, le persil et les pétales de fleur.*
3 *Écrasez l'œuf dur à la fourchette.*
4 *Mélangez bien les vinaigres, le poivre vert, le curry et le sel. Versez l'huile et tournez vivement. Ajoutez l'œuf écrasé, puis le hachis d'oignon, de persil et de fleur.*

Cette vinaigrette accompagne à merveille les avocats, les fonds d'artichaut et assaisonne les haricots et les fèves. Vous pouvez utiliser de la même manière les pétales de chrysanthème, de tagète ou de capucine.

Harengs frais marinés au thym et au serpolet

pour 6 personnes
préparation : 35 minutes
cuisson : environ 1 heure
marinade : 24 heures

1 petit bouquet de thym
2 inflorescences de serpolet
12 filets de hareng frais
75 cl de vin blanc de Bourgogne
1 citron jaune
1 carotte
6 petits oignons
1 échalote
1 feuille de laurier
3 cuillerées à soupe d'huile de tournesol
1 cuillerée à café de farine
2 morceaux de sucre de canne
3 clous de girofle
quelques graines de coriandre
1 1/2 cuillerée à café de cannelle en poudre
5 grains de poivre blanc
gros sel de mer

Il s'agit d'un délicieux hors-d'œuvre. Vous pouvez aussi faire mariner différents poissons ainsi que des anchois frais.

1 *Lavez les inflorescences de serpolet. Égouttez-les sur du papier absorbant.*
2 *Grattez la carotte, lavez-la et découpez-la en rondelles.*
3 *Pelez les oignons et l'échalote, détaillez-les en rondelles.*
4 *Faites revenir dans l'huile la carotte, l'oignon et l'échalote. Saupoudrez de farine, mélangez, ajoutez les inflorescences, le laurier et le poivre. Mouillez avec le vin blanc. Salez et sucrez.*
5 *Hors du feu, ajoutez girofle, coriandre et cannelle.*
6 *Remettez sur le feu, portez à ébullition et faites réduire le bouillon de moitié, sur feu moyen. Filtrez la marinade et réservez séparément les légumes et le jus. Laissez refroidir. Coupez le citron en rondelles.*
7 *Déposez dans un plat creux (ou un bocal), en alternance, une couche de filets de harengs et une couche de légumes. Répartissez le citron.*
8 *Recouvrez les filets avec le jus de la marinade refroidi. Couvrez le plat ou fermez le bocal. Laissez mariner au frais et au sec pendant 24 heures.*

Bourgogne aligoté à la rose

pour 6 à 8 personnes
préparation : 10 minutes

1 bouteille de bourgogne aligoté
1 goutte d'essence florale de rose ou
1 cuillerée à café de sirop de rose par verre
6 à 8 pétales de rose

Variantes
Pour imiter le kir en renouvelant son goût, ajoutez 1 cuillerée à soupe de sirop de rose ou 18 gouttes d'essence de rose dans un petit verre de crème de cassis de Bourgogne. Répartissez ce cassis à la rose dans les verres. Vous pouvez aussi utiliser de la crème de pêche que vous aromatiserez avec de l'essence florale de jasmin selon les mêmes proportions.

1 *Versez dans chaque coupe de champagne une petite cuillerée à café de sirop de rose. Si vous utilisez de l'essence de rose, déposez 1 goutte d'essence dans chaque verre.*
2 *Versez le bourgogne et mélangez avant de servir. Décorez avec un pétale de rose.*

Bouillon glacé au pétunia

pour 6 personnes
préparation : 35 minutes
cuisson : 8 minutes
refroidissement : 2 heures

10 fleurs de pétunia de plusieurs couleurs
1 pied de pissenlit
(ses jeunes feuilles et ses boutons)
1 courgette
1 oignon
1 betterave rouge
1 bouquet de coriandre fraîche
(ou 1 cuillerée à café de graines)
1 branche de thym
2 cubes de concentré de volaille
1 cuillerée à soupe de vinaigre balsamique
sel et poivre noir

1 *Lavez les fleurs de pétunia et réservez 1 fleur pour le décor.*
2 *Lavez le pissenlit et ciselez-le.*
3 *Pelez la courgette, coupez-la en petits morceaux.*
4 *Épluchez l'oignon et émincez-le finement.*
5 *Pelez la betterave rouge et coupez-la en lamelles fines.*
6 *Lavez la coriandre et hachez-la.*
7 *Mettez tous ces légumes, herbes et fleurs, dans 1,5 litre d'eau avec le concentré de volaille. Ajoutez la branche de thym. Salez et poivrez. Portez à ébullition et laissez cuire pendant 8 minutes. Hors du feu, ajoutez le vinaigre. Laissez refroidir la soupe pendant 30 minutes.*
8 *Filtrez le bouillon. Ciselez la fleur de pétunia et dispersez-la à la surface du bouillon. Mettez la soupière au réfrigérateur pendant 1 heure 30. Vous pouvez réduire en purée tous les légumes et les servir à côté.*

Sauté de légumes aux pois de senteur

pour 6 personnes
préparation : 25 minutes
cuisson : 20 minutes

1 petit verre de fleurs de pois de senteur
450 g de petits pois frais
2 carottes
2 navets
1 bulbe de fenouil
1 oignon blanc
1 tête de brocoli
4 cuillerées à soupe d'huile de tournesol
gros sel et poivre

1 *Écossez les petits pois.*
2 *Grattez les carottes, lavez-les et coupez-les en bâtonnets réguliers.*
3 *Pelez les navets, lavez-les et coupez-les en morceaux.*
4 *Nettoyez le fenouil, coupez le bulbe en lamelles régulières.*
5 *Pelez l'oignon et émincez-le en rondelles fines.*
6 *Lavez le brocoli et détachez les petits bouquets.*
7 *Lavez et égouttez les fleurs.*
8 *Laissez chauffer l'huile dans une poêle et faites revenir rapidement l'oignon. Ajoutez les légumes puis les fleurs et mélangez avec une cuiller en bois. Salez et poivrez. Versez un verre d'eau pour la cuisson. Laissez cuire à feu moyen pendant 15 à 20 minutes.*

Vin chaud pour frileux

pour 2 à 3 personnes
préparation : 10 minutes
infusion : 10 minutes

1 branche de thym citronnelle
1 épi fleuri d'hysope
1 inflorescence de lavande
1/2 litre de vin de Cahors
1 bâton de cannelle
1 clou de girofle
3 cuillerées à soupe de sucre de canne

1 *Faites chauffer le vin avec tous les aromates fleuris et les épices.*
2 *Après le premier bouillon, arrêtez l'ébullition. Retirez la casserole du feu et laissez infuser pendant 10 minutes.*
3 *Filtrez le vin et sucrez-le. Servez-le bien chaud.*

pour 6 personnes
préparation : 1 heure
séchage : 1 nuit ou 1 heure
dans le four à 70 °C

1 petit bol de pétales de rose
200 g de sucre semoule
1 blanc d'œuf

Pétales de rose et feuilles de menthe cristallisés

1 Préparez quatre bols : versez de l'eau dans le premier pour laver les fleurs. Vous mettrez les fleurs lavées dans le deuxième. Le troisième, rempli d'eau, vous permettra de vous rincer les doigts. Dans le quatrième, battez un blanc d'œuf à la fourchette, sans le monter en neige.
2 Versez une couche de sucre sur une assiette plate. Étendez sur un plateau une feuille de papier sulfurisé pour poser les pétales couverts de sucre.
3 Plongez un pétale de fleur dans le blanc d'œuf, éliminez le blanc qui coule : le pétale doit seulement être humidifié (le blanc d'œuf sert de colle). Déposez le pétale sur l'assiette et couvrez-le de sucre des deux côtés en créant une pression avec l'index. Renouvelez l'opération pour chaque pétale.
4 Faites sécher les pétales au soleil, dans une pièce bien aérée ou 1 heure à four très doux et ventilé, porte ouverte. Vous procéderez de même avec des feuilles de menthe et d'autres petites fleurs comme les violettes, les pétales de coquelicot, les primevères...

Les pétales de rose cristallisés accompagnent le café, les tisanes et décorent gâteaux et glaces... Les fleurs cristallisées se conservent dans un bocal fermé par un film de protection que vous perforerez de petits trous avec une aiguille pour laisser passer l'air, afin d'éviter la condensation qui ramollirait les pétales.

balcon fleuri et son pinson joli

Humble fleur dressée
au creux d'un mur,
Ton bonheur d'être toi-même
Te suffit
Pour être au centre de l'univers.

Bing Xin (1902-1998)

*Le petit espace du balcon, suspendu
au-dessus de l'agitation de la ville,
se transforme en véritable jardinet par
la magie d'un agencement végétal inspiré.*

*Rêver de campagne lorsqu'on vit en ville
ne relève pas seulement de l'imagination.
Ici, de petites annuelles séjournent le temps
d'une saison dans de jolis pots alignés
sur le rebord du balcon, tandis que les vivaces
et les plantes grimpantes occupent une jardinière
murale. D'autres, plantées dans de grands pots,
à la silhouette plus haute, forment un berceau
de verdure qui protège des regards, du vent
et de la poussière, sans pourtant masquer la vue
au-delà. Les fleurs du printemps laisseront
la place à celles de l'été. Il faudra s'astreindre
à les arroser chaque jour durant la saison
chaude, mais quelle récompense lorsqu'on
dispose d'un mini-jardin comme celui-ci !
Si les pigeons roucoulent sur le toit,
les pinsons chantent dans notre tête...*

COMMENT CRÉER CE JARDIN ?

Le balcon doit offrir une surface d'au moins 1,20 m de largeur et 3 m de longueur pour cette composition. La jardinière murale mesure 1,50 m de longueur sur une largeur de 0,40 m. Le sol est carrelé.

Poteries, jardinières et accessoires

• La jardinière murale à été maçonnée depuis le sol jusqu'à une hauteur de 1,20 m. La profondeur de plantation est de 0,50 m.

• Au sol, cinq pots de grande dimension accueillent les sujets les plus importants : nous en avons choisi trois en terre cuite et deux en céramique.

• Trois petites jardinières en terre cuite aux lignes sobres et épurées forment l'alignement supérieur ; elles reposent sur le rebord du balcon, en compagnie de six pots en terre cuite.

• Deux vasques montées sur une colonne viennent compléter l'ensemble.

Il vous faudra également :

• une table de jardin en métal ;

• une chaise et un tabouret de jardin de même nature ;

Wisteria sinensis
(glycine de Chine)
est la plus belle
des glycines cultivées.

- une lampe ;
- une structure en métal servant à former les boules de lierre, qui est ici détournée de son objet pour offrir une cage à oiseau fictive à notre pinson, lui aussi en métal.

De bonnes conditions de culture

Le balcon, orienté au sud, jouit d'un bel ensoleillement, favorable aux rosiers, à la glycine et au chèvrefeuille qui sont les plantes dominantes de ce jardin. Aucune ne redoute la sécheresse, mais il faut veiller à ne pas choisir des variétés trop vigoureuses, nécessitant des rempotages réguliers et des tailles fréquentes.

Un balcon exposé au nord-est, par exemple, nécessiterait un autre choix de plantes qui ne craignent pas la mi-ombre (impatiens, rosiers vigoureux, bégonias, pensées...) ; vous pourrez par exemple planter au printemps des violettes, des tulipes, des pensées, des juliennes, des pâquerettes et, en été, remplacer les géraniums et les œillets, qui ont besoin de beaucoup de soleil, par des phlox.

Mais quelle que soit l'orientation de votre balcon, vous devrez prévoir un substrat suffisamment riche pour répondre aux besoins de vos plantes. Ici, nous avons utilisé un mélange de terreau et de terre de jardin. Seule la bruyère aime l'acidité. Il faut prévoir trois sacs de terreau de 25 litres, deux sacs de terre de jardin, un petit sac de terre de bruyère, un autre de sable et un troisième de tourbe (pour la bruyère).

L'hiver, installez une mangeoire pour nourrir les oiseaux du jardin et les regarder vivre.

QUELLES FLEURS CHOISIR ?

La composition des pots et des jardinières

Les plantes de ces compositions ont été sélectionnées pour compléter chacune des grandes familles culinaires : des fleurs à associer aux salades, aux soupes, aux vinaigrettes et aux sauces (lin, pensées, primevères, chrysanthème, anthémis), d'autres pour les desserts (pétales de rose, fleurs de chèvrefeuille, des œillets et de la passiflore, du jasmin et des feuilles de menthe...), d'autres enfin comme condiments ou épices (sauge, géranium, nepeta...).

Mais leur aspect esthétique est essentiel. La glycine, le rosier grimpant, le jasmin, la passiflore, le chèvrefeuille sont des plantes grimpantes à fixer sur un treillage ; elles voisinent avec trois rosiers buissons. La glycine sera conduite en « arbre » : elle n'est pas fixée au mur. C'est le jasmin, la passiflore, le rosier grimpant et le chèvrefeuille qui garnissent le mur et l'angle de l'immeuble.

Les rosiers buissons se trouveront à l'aise dans de grandes poteries ; prévoyez une soucoupe sous chaque pot.

Un forsythia, pour les premières fleurs jaune d'or au début du printemps, et un olivier, comme sujet dominant à feuillage persistant, viennent compléter ce fond de verdure coloré.

Le pavot Papaver nudicaule *est utilisé en cuisine, à la différence du* Papaver somniferum *dont le latex sert pour l'opium.*

Double page suivante : Balcon fleuri en été ; il ouvre une vue sur l'Observatoire de Paris.

jaunes en été côtoient quelques annuelles : deux pieds de lin à fleurs bleues, des pensées aux tons roses, violets et mauves, des anthémis à fleurs blanches.

• À droite, dans la vasque sur colonne, nous avons planté une capucine à fleurs jaunes, un alysse odorant blanc, des impatiens à fleurs rouges.

• Derrière la fenêtre, une glycine de Chine à fleurs bleues voisine avec un chèvrefeuille bicolore rose-jaune, un rosier buisson 'Sultane' à grandes fleurs parfumées rouges, marquées d'une flamme jaune au cœur.

• À droite, près de la fenêtre, un rosier 'La Passionnata' à grandes fleurs rose fuchsia et cœur jaune exhale un parfum fruité.

• Au premier plan, dans les pots, nous avons planté une anthémis blanche et un pavot blanc.

• Sur la table enfin, une primevère épanouit ses fleurs violettes.

Les plantations de printemps

• À l'angle du mur, côté rue, dans la jardinière murale, nous avons placé un grand lierre à petites feuilles, qui gardera ses qualités ornementales l'hiver, un jasmin officinal à fleurs blanches et très parfumées, un rosier 'Cocktail' à fleurs simples rouges avec un cœur jaune. D'une hauteur de 2 à 3 m, il doit être fixé au treillage.

• À l'angle du mur, côté appartement, une passiflore (*Passiflora caerulea*), d'origine brésilienne, à palisser, épanouit ses fleurs qui présentent une couronne bleu-pourpre entre les étamines et les pétales, en compagnie d'un rosier 'Sultane' à grosses fleurs rouge orangé.

• Au centre, en arrière-plan : un rosier 'Gold Glow' à fleurs doubles jaune citron.

• Au premier plan, des vivaces, un pavot (*Papaver orientale*) à fleurs blanches, une sauge (*Salvia grahamii*) à fleurs rouges, un nepeta (*Nepeta mussinii*) à fleurs bleues, des doronics à fleurs

R. 'Cocktail' *est un rosier grimpant pouvant atteindre 3 m de haut. Il fleurit en été.*

Ici, différents jardins sont évoqués : jardin de curé avec les pivoines et les roses, jardin méditerranéen avec l'olivier, jardin chinois fleuri de chrysanthèmes.

Les plantations d'été

- La partie gauche de la scène, donnant sur l'Observatoire de Paris, est dominée par un olivier au feuillage persistant.
- À gauche, un rosier 'La Passionnata' présente d'élégantes fleurs rose-jaune ; dans la vasque sur colonne, un alysse odorant blanc côtoie une campanule bleue, un impatiens à fleurs rouges.
- Au premier plan poussent une pivoine à fleurs doubles orangées et un rosier 'Santana' à fleurs rouge soutenu ; derrière, une achillée (*Achillea filipendulina*) à fleurs jaunes.
- À droite de la scène : un forsythia jaune d'or.
- Au centre : un autre rosier buisson 'Santana' côtoie un œillet à fleurs rouges.
- Dans les pots alignés contre le mur, nous avons mis des œillets, des impatiens rouges, une campanule bleue, des capucines.
- Dans la vasque centrale sur colonne s'épanouissent des pétunias *Surfinia* blancs à cœur sombre, des impatiens rouges, un œillet d'Inde jaune, une campanule bleue.
- Au premier plan, les deux pots sont occupés par deux chrysanthèmes d'été 'Clara Curtis' à fleurs roses et cœur jaune.

Un coin fleuri à l'automne

Les rayons dorés et obliques du soleil d'automne jouent avec les nuages installés à l'horizon du soir qui s'annonce. Ce petit monde des fleurs capte les derniers feux de la belle saison. Toutes les fleurs dressent leurs corolles comme au meilleur des jours de l'été : un petit coin fleuri suffit alors pour réjouir l'œil et rendre heureux.

- Dans les petits pots sur la murette, les hémérocalles 'Pink Damask' continuent leur floraison, tandis que les nepetas à fleurs bleues s'accordent avec l'hibiscus beige rosé, le pavot d'Islande (*Papaver nudicaule*) aux tons jaune, orange et rouge, la sauge et ses épis d'un beau bleu profond.
- Dans les pots sur la table, une sauge à fleurs rouges (*Salvia grahamii*) voisine avec les petits asters parme à cœur jaune et leurs compagnons à fleurs bleues au cœur d'or.
- Devant la murette, au centre, la sauge à fleurs rouges qui, rappelons-le, est une vivace, refleurira l'an prochain.
- Les chrysanthèmes des fleuristes, à floraison automnale, sont aussi des vivaces. Nous avons choisi un 'Mary Stoker' à fleurs jaune tendre et un *Chrysanthemum rubellum* violet à cœur jaune. Lierre et asparagus, enfin, nimbent de vert la scène.

Très utilisée en cuisine, la Bruyère Erica ciliaris est aussi un soin de beauté : faites infuser 500 g de plantes dans 3 cl d'eau chaude. Filtrez. Ajoutez à l'eau du bain.

Boum cocktail

pour 1 à 2 personnes
préparation : 15 minutes
refroidissement : 1 heure

7 fleurs de chèvrefeuille
1 orange
1 citron
1 kiwi
6 fraises
1 pincée de gingembre en poudre
1 petit verre de Grand Marnier

1 *Pelez l'orange, le citron et le kiwi. Lavez et équeutez les fraises.*
2 *Exprimez à la centrifugeuse le jus des fruits.*
3 *Filtrez le jus pour éliminer la pulpe.*
4 *Ajoutez au jus la poudre de gingembre et le Grand Marnier. Mélangez bien.*
5 *Versez le jus dans un grand verre et ajoutez les fleurs de chèvrefeuille. Couvrez le verre avec du film alimentaire et placez-le dans le réfrigérateur pendant 1 heure. Consommez bien froid avec des glaçons ce cocktail rafraîchissant et tonique.*

Forestière aux champignons et fleurs d'automne

pour 6 personnes
préparation : 40 minutes
cuisson : 45 minutes

4 fleurs de chrysanthème à carène (marguerite)
250 g de pâte feuilletée au beurre
1 à 3 cèpes, selon leur taille
30 g de farine tamisée
1 jaune d'œuf
un peu de lait
1 cube de concentré de volaille
40 g de margarine
+ 1 noisette pour le moule
1 gousse d'ail
1 cuillerée à soupe de fromage blanc battu
1 cuillerée à soupe de vinaigre balsamique
sel et poivre

1 *Faites chauffer 1/2 litre d'eau avec le concentré de volaille pour obtenir un bouillon.*
2 *Lavez les fleurs, puis détachez les pétales et les étamines. Réservez quelques pétales pour la décoration.*
3 *Pelez l'ail.*
4 *Réalisez une sauce blanche avec 30 g de margarine que vous laisserez fondre dans une casserole à fond épais. Incorporez d'un seul coup la farine et amalgamez-la bien à la margarine. Mouillez avec le bouillon chaud, très progressivement, en remuant sans arrêt, jusqu'à obtention d'une crème qui nappe la cuiller. Salez, poivrez et goûtez.*
5 *Préchauffez le four à 200 °C (th. 7).*
6 *Délayez le fromage blanc avec le vinaigre et ajoutez-le à la sauce blanche.*
7 *Nettoyez délicatement les cèpes, essuyez-les, détaillez-les en lamelles et faites-les revenir à la poêle dans 10 g de margarine. Ajoutez l'ail, les pétales et les étamines des fleurs. Salez et poivrez.*
8 *Ajoutez les champignons à la sauce.*
9 *Étalez 200 g de pâte au rouleau à pâtisserie. Foncez un moule assez haut (3 cm au moins). Laissez déborder la pâte de 2 cm.*
10 *Posez des légumes secs sur la pâte pour la maintenir. Enfournez-la et laissez-la cuire à blanc pendant 10 minutes.*
11 *Étalez le reste de la pâte pour former le couvercle de la tourte.*
12 *Sortez le moule du four, enlevez les légumes secs et remplissez la tourte avec la préparation. Pour souder le couvercle, mouillez légèrement le bord de la pâte, puis pressez les bords entre vos doigts. Dorez avec un jaune d'œuf délayé dans un peu de lait. Créez un décor au couteau.*
13 *Laissez cuire à four chaud entre 30 et 35 minutes, en surveillant la cuisson. Servez la tourte tiède décorée des pétales restants.*

Soupe d'Héloïse

pour 6 personnes
préparation : 10 minutes
cuisson : 10 minutes

3 roses rouges 'Santana'
2 betteraves rouges
1 carotte
1 gros oignon
1 pomme de terre
1 petit bouquet de persil simple
1,5 litre d'eau de source
1 cuillerée à soupe de sucre en poudre
2 cuillerées à soupe de crème fleurette
30 g de fond de veau en poudre
1 cuillerée à café de poudre de fenouil
1 cuillerée à soupe de vinaigre de cidre
(facultatif, il remplace
le jus de betterave aigre)
sel et poivre

Jus de betterave aigre
*Préparez ce jus une semaine à l'avance.
Pelez et émincez une betterave rouge. Mettez-la dans un pot de grès et recouvrez-la avec 1/2 litre d'eau chaude. Couvrez le pot et rangez-le dans un endroit tiède. Le jus obtenu après 6 à 8 jours est aigri et convient parfaitement à la préparation du barszcz (ou barchten), soupe polonaise.*

Soupe
*1 Lavez les roses et éliminez la base des pétales. Lavez et hachez le persil.
2 Pelez une betterave rouge et la carotte, puis râpez-les dans un petit saladier. Saupoudrez de sucre. Laissez reposer.
3 Pelez l'oignon et émincez-le finement.
4 Pelez la pomme de terre et râpez-la.
5 Faites chauffer l'eau de source avec le fond de veau et une cuillerée à soupe de jus de betterave aigre (ou de vinaigre de cidre). Quand le liquide est à ébullition, ajoutez tous les ingrédients préparés. Salez et poivrez. Laissez cuire pendant 8 minutes.
6 Juste avant de servir, ajoutez la crème fleurette et la poudre de fenouil. Ajustez l'assaisonnement.*

Variante
Au printemps, remplacez la pomme de terre par 120 g de petits pois, et les roses par 2 pieds de primevères en fleur.

Friture de capucines

pour 6 personnes
préparation : 5 minutes
cuisson : 1 minute

1 petit saladier de fleurs de capucine
avec leurs feuilles
2 cuillerées à soupe de cidre doux
1 cuillerée à soupe d'huile d'olive
1 échalote
gros sel

*1 Lavez les fleurs et les feuilles de capucine.
2 Pelez l'échalote et émincez-la finement.
3 Faites chauffer l'huile dans une poêle, ajoutez-y l'échalote, puis les capucines ; faites-les revenir très rapidement.
4 Ajoutez le cidre. Salez et servez aussitôt avec un poisson, cuit en papillote ou au court-bouillon, et de petites pommes de terre coupées.*

Brochettes de poulet et crème parfumée à la glycine

pour 6 personnes
préparation : 20 minutes
cuisson : 25 minutes

2 grappes de glycine à fleurs blanches parfumées
6 blancs de poulet
4 citrons verts
125 g de fromage blanc battu, allégé
20 g de saté (un composé épicé que vous trouverez au marché chinois)
1 bouquet garni (thym, laurier, persil)
2 cuillerées à café de curry
1 pincée de serpolet séché
1 pincée de poivre du Sseu-tch'ouan
gros sel et sel fin

1 Pressez 3 citrons et ajoutez le saté au jus. Mélangez bien.
2 Faites cuire 18 minutes les blancs de poulet dans 1 litre d'eau salée, garnie du bouquet d'aromates.
3 Coupez les blancs de poulet en morceaux réguliers.
4 Enfilez la viande sur des petites brochettes de bois, en alternant deux morceaux de viande et une demi-rondelle de citron vert. Trempez ces brochettes dans le jus de citron au saté. Salez et poivrez.
5 Mettez à cuire les brochettes au gril.
6 Préparez la sauce : lavez et égouttez les fleurs de glycine. Détachez les fleurs de la tige. Salez et poivrez le fromage blanc. Incorporez le curry, le serpolet et les fleurs.
7 Présentez les brochettes accompagnées de la sauce.

Fumet de bruyère pour une dorade en chemise

pour 6 personnes
préparation : 30 minutes
cuisson : de 20 à 25 minutes

1 pied de bruyère fleurie
1 dorade de 1 kg
1 boîte d'anchois
3 kg de gros sel de mer
1 petite branche de fenouil frais
ou poudre de fenouil
sel fin

1 *Préchauffez le four à 200 °C (th. 7).*
2 *Coupez les tiges de bruyère et lavez-les.*
3 *Videz le poisson, mais ne l'écaillez pas.*
4 *Salez l'intérieur de la dorade et poudrez de fenouil (ou mettez une petite branche de fenouil frais). Ajoutez la bruyère et les anchois. Fermez la dorade.*
5 *Tapissez une cocotte en fonte avec une feuille d'aluminium. Versez le gros sel pour former une couche de 3 à 4 cm au fond de la cocotte. Posez la dorade et recouvrez-la avec une couche de 3 à 4 cm de sel.*
6 *Mettez la cocotte au four et laissez cuire entre 20 et 25 minutes à découvert.*
7 *Au moment de servir, retournez la cocotte sur une planche ou le plat de présentation. Retirez l'aluminium et cassez la croûte de sel, avec un marteau si nécessaire.*

Glace à la rose

pour 6 personnes
préparation : 40 minutes
refroidissement : 45 minutes
(Pensez à mettre le bol de la sorbetière
dans le freezer 24 heures
avant la préparation de la glace.)

1 petit pot de confit de pétales de rose
(épicerie indienne)
3 cuillerées à soupe de sirop de rose
4 jaunes d'œufs
60 g de sucre en poudre
1 petit paquet de sucre vanillé
le jus d'un citron vert
1/2 litre de lait entier
125 g de crème fraîche épaisse

pour le sucre à la rose
180 g de sucre
1 petit bol de pétales de rose frais ou séchés
(ou 1 cuillerée à soupe de sirop de rose)

1 *Fouettez au fouet électrique les jaunes d'œufs, avec les sucres. Lorsque le mélange blanchit, ajoutez le confit de pétales de rose et le jus de citron ; amalgamez bien.*
2 *Faites chauffer doucement le lait, puis ajoutez la crème fraîche et le sirop de rose.*
3 *Versez progressivement le lait bouillant sur la crème d'œufs. Mélangez bien et remettez sur le feu sans laisser bouillir et en tournant sans arrêt, pendant 2 minutes environ. Laissez refroidir.*
4 *Sortez le bol de la sorbetière du freezer et versez-y la préparation. Branchez l'appareil et laissez tourner au froid pendant 45 minutes.*
5 *Faites des boules avec une cuiller à glace et placez-les dans de jolies coupes. Décorez avec des pétales de rose cristallisés (voir recette p. 24) et du sucre à la rose.*

Sucre à la rose
Il existe deux façons de le préparer.
Si vous procédez par contact, mélangez le sucre aux pétales de rose frais ou séchés, puis enfermez-les dans un pot pendant 2 jours. Passé ce terme, ôtez les pétales avant de le consommer.
Si vous utilisez du sirop de rose, mélangez-le au sucre et amalgamez-le bien à l'aide d'une fourchette. La préparation se conserve à l'abri de la lumière, dans un pot hermétiquement fermé.

Vodka à la rose

pour 6 personnes
préparation : 15 minutes
macération : 12 heures

1 belle rose très parfumée
1 rameau de menthe verte
1/2 litre de vodka
1 citron vert
6 grains de poivre du Sseu-tc'houan

1 *Lavez la rose et détachez les pétales. Lavez la menthe. Lavez et coupez le citron en dés pour l'introduire facilement dans une bouteille.*
2 *Mettez tous les ingrédients (citron, rose, menthe et poivre) dans la bouteille et ajoutez la vodka. Fermez bien la bouteille et laissez macérer toute une nuit.*
3 *Filtrez la vodka et servez-la avec des glaçons.*

les plantes du balcon fleuri

FLEURS DE PRINTEMPS

Anthémis
Anthemis punctata cupaniana, **composées**
Herbacée vivace tapissante de 15 à 30 cm, à feuilles grises finement découpées, odorantes, et fleurs blanches de juin jusqu'en août.
Plantation : entre septembre et mars, en sol drainé, au soleil et à 15 cm d'intervalle.
Entretien : coupez les tiges une ou deux fois par an pour favoriser les floraisons. Hivernez la plante à l'abri.
Utilisations : utilisez les pétales en salade, avec des légumes verts ou dans une vinaigrette. Attention, *A. tinctoria* peut provoquer des allergies par ingestion.

Bruyère
Erica ciliaris, **éricacées**
Sous-arbrisseau de 30 à 40 cm à feuillage vert pâle. Les fleurs en clochette, réunies en grappes terminales, varient du blanc à tous les tons de rose. Étalement : 60 cm.
Plantation : en avril-mai dans un mélange bien drainé de terre de jardin, de tourbe et de sable grossier, ou dans de la terre dite de bruyère, car cette plante aime l'acidité et l'humidité. Évitez l'exposition aux vent d'est.
Entretien : les fleurs fanées sont décoratives ; laissez-les sur la plante pendant l'hiver. Arrosez souvent. Taillez au printemps au ras du feuillage, juste en dessous des fleurs.
Utilisations : les fleurs ont une saveur de foin coupé, de mousse des bois. (La bruyère sauvage est plus savoureuse que celle-ci.) Prélevez les inflorescences en conservant une longueur de tige de 10 cm au moins. Utilisez-les pour farcir un poisson, un canard, ou pour constituer un lit dans une cocotte où vous ferez cuire une pièce de viande à l'étouffée. La senteur de la plante se communique à la cuisson. Éliminez les inflorescences au moment de servir. On utilise également la bruyère en infusion. La bruyère est diurétique, antiseptique, sédative et apéritive.

Chèvrefeuille
Lonicera x heckrottii 'Gold Flame', **caprifoliacées**
Plante grimpante, de 4 à 5 m, à feuillage vert clair semi-persistant et fleurs parfumées, rose orangé, frangées de jaune vif à l'extérieur, qui s'épanouissent de fin juin à septembre.
Plantation : par temps doux à la mi-automne, en sol ordinaire, bien drainé, au soleil ou à mi-ombre.
Entretien : améliorez le sol avec du compost. Supprimez les branches desséchées.

Pensée, *Viola x wittrockiana*

Utilisations : fleurs idéales pour les desserts, infusées dans le lait ou l'eau, macérées dans un sirop de sucre ou mélangées au sucre pour le parfumer. Les baies noires sont toxiques. Le chèvrefeuille du Japon combat la grippe, la toux, les intoxications alimentaires, l'enflure des glandes lymphatiques ; on l'utilise pour modifier le taux de sucre dans le sang. Il figure dans l'élixir d'immortalité taoïste.

Glycine de Chine
Wisteria sinensis, **légumineuses**
Plante grimpante à grand développement, à fleurs bleues en grappes à la fin du printemps.
Plantation : entre octobre et mars dans une terre ordinaire. En pot, placez-la près d'une porte-fenêtre.
Entretien : fixez ses branches sur un treillage ou au mur. Les fleurs craignent les gelées matinales.
Utilisations : sa saveur proche de celle de la viande s'associe à la sauce soja, à l'avocat, aux pommes de terre. *Glycine max* est le soja, espèce annuelle buissonnante.

Hémérocalle
Hemerocallis, **liliacées**
Plante vivace très rustique de 80 cm formant une touffe de feuilles rubanées vert foncé. Fleurs à coloris divers, riches et nuancés, de la fin du printemps à la fin de l'été.
Plantation : entre octobre et avril dans une bonne terre, au soleil et à l'abri.
Entretien : rabattez les tiges après la floraison, presque au niveau du sol.
Utilisations : les fleurs se consomment en légume ou parfument les salades. Elles offrent un joli contenant à farcir de viande ou de purées.

Jasmin
Jasminum officinalis,
oléacées
Voir p. 88.

Menthe
Mentha suaveolens
'Variegata',
labiées
Plante herbacée
de 30 à 50 cm à fleurs rouge-
rose de juin à septembre.
Plantation : en mars-avril,
dans une terre riche, fraîche
et profonde, au soleil, dans
un endroit chaud et abrité,
à 30 cm d'intervalle.
Entretien : plantez en pots
individuels.
Utilisations : *la menthe
convient à de nombreuses
boissons et desserts et à
certains plats de viande.
Elle est digestive, cordiale,
tonique, antispasmodique,
antiseptique, rafraîchissante.*

Nepeta
Nepeta x *faassenii*,
labiées
Vivace de 30 à 40 cm
à feuillage gris argenté
et fleurs bleu lavande
qui s'épanouissent
de mai à septembre.
Plantation : d'octobre
à mars, en terre ordinaire,
au soleil ou à mi-ombre,
à 30 cm d'intervalle.
Entretien : taillez la plante
après la floraison pour
maintenir un port compact.
Utilisations : *la senteur et la
saveur mentholées des feuilles
et des fleurs accompagnent
viandes et salades.*

Œillet
Dianthus 'Feux d'Anjou',
caryophyllacées
Plante annuelle ou vivace
de 30 à 40 cm formant de
larges touffes en coussinet.
Fleurs rouge vif très
parfumées de mai à juillet.
Plantation : en sol calcaire,
léger et bien drainé.
Prévoyez 6 plants
par mètre carré.
Entretien : protégez
les touffes en hiver.
Supprimez les fleurs fanées
pour soutenir la floraison.
Utilisations : *le délicieux
parfum des fleurs aromatise
lait, alcool, glaces, sorbets,
sucre, miel, café et chocolat.*

Pâquerette
Bellis monstrosa,
composées
Plante vivace rustique
de 12 à 15 cm à feuilles
vert moyen et fleurs roses,
de mars à octobre.
Plantation : en octobre
ou en novembre, dans
une terre de jardin ordinaire,
au soleil ou à mi-ombre.
Apportez du terreau
lors de la plantation.
Entretien : coupez les fleurs
fanées. Nourrissez la terre
avec du compost.
Utilisations : *les nombreux
pétales peuvent relever
les salades ou se consommer
en beignets ou dans les soupes.
Les fleurs entières sont mises
à macérer dans du vinaigre
balsamique pour le parfumer
et capter tous leurs bienfaits.
Ce vinaigre sert aux cuissons
des viandes et aux vinaigrettes.*

Primevère oreille d'ours,
Primula auricula rowena

Pavot des Alpes, *Papaver alpinum sendtneri*

*Le goût des fleurs est un peu
âcre, mais la cuisson atténue
cette saveur. En bain, l'infusion
de fleurs régénère les peaux
ternes et jaunies. La tisane
combat la distraction
chez les enfants.*

Passiflore
Passiflora caerulea,
passifloracées
Plante grimpante semi-
rustique pouvant atteindre
10 m à feuilles lobées vertes
et fleurs blanches en fin
de printemps. Entre les
pétales et le cœur, la fleur
s'orne d'une couronne
bleu-pourpre.
Plantation : en sujet isolé,
à bonne exposition (sud),
dans un sol riche.
Entretien : apportez chaque
année de l'engrais en surface.
Arrosez peu en hiver et plus
abondamment au printemps.
Protégez du froid en hiver.
Fixez les branches
sur un treillage.
Utilisations : *les fleurs,
inodores, révèlent une saveur
fruitée lorsqu'elles ont macéré
dans un sirop de sucre,
qu'elles colorent en vert.
Fleurs, feuilles et tiges ont
une action sédative légère,
sans effets secondaires.*

Pavot des Alpes
*Papaver
alpinum sendtneri*,
papavéracées
Plante herbacée vivace
éphémère de 10 à 25 cm à
feuillage gris-vert. Les fleurs,
portées par des tiges grêles,
vont du blanc au jaune-
orange, avec des étamines
jaunes. Les fleurs ont une
saveur fumée particulière.
Plantation : semez en hiver
sous châssis, ou plantez
en godets dès mars, en pot
ou en massif, dans une terre
ordinaire et bien drainée.
Entretien : à la fin
d'octobre, rabattez les tiges
fanées, à quelques
centimètres du pied.
Utilisations : *les pétales
se cuisinent comme ceux
des coquelicots, en infusion
dans le lait pour des desserts,
macérés dans un sirop
de sucre ou cristallisés
dans le sucre. Les feuilles
se mangent en salade.
La plante a des vertus
tranquillisantes et le sirop
favorise le sommeil.*

Pensée
Viola x *wittrockiana*,
violacées
Vivace fleurissant de mars
à août dans de nombreux
coloris. Il existe des variétés
à floraison hivernale.
Plantation : en septembre,
octobre, mars ou avril, en
terreau frais et bien drainé.
Placez le pot au soleil.
Entretien : éliminez
régulièrement les fleurs
fanées pour favoriser
la floraison suivante.
Utilisations : *plante à saveur
douce, légèrement sucrée,
peu aromatique. Introduisez-la
hachée dans les farces d'œufs
ou décorez-en vos salades.
Elle est utilisée pour ses vertus
dépuratives, laxatives,
diurétiques et
antirhumatismales.*

Pivoine de Chine
Paeonia lactiflora,
paeoniacées
Herbacée vivace de 60 cm
à feuilles vert foncé à vert
franc et fleurs doubles
blanches, roses ou rouges,
parfumées.
Plantation : par beau
temps, entre septembre
et mars, en sol frais et bien
drainé, dans un endroit
protégé du soleil matinal.
Incorporez du fumier
à la terre de plantation.
Entretien : tuteurez si
nécessaire. Pour un bouquet,
cueillez des fleurs pas trop
épanouies.
*Utilisations : les fleurs,
à la saveur douce et fraîche,
s'associent à la mâche, la
laitue. Racines et graines sont
utilisées dans la pharmacopée
chinoise. Les racines, dont
celles de la pivoine rouge,
ont des effets sur la pression
sanguine ; celles de la pivoine
blanche ont des vertus pour
le foie et l'éclat de la peau.*

Pivoine des jardins
Paeonia officinalis
'Rubra Plena',
paeoniacées
Plante herbacée vivace
de 30 cm à feuillage
découpé, parfois velu
au revers, et fleurs doubles
rouge cramoisi en mai-juin.
Plantation et entretien :
voir Pivoine de Chine
(*Paeonia lactiflora*).
*Utilisations : « fleur légume »
à saveur de miel. Ajoutez
les pétales dans une salade
verte, faites-en des beignets
salés, incorporez-les à des
farces de viande, de légumes,
d'herbes aromatiques.*

Primevère de Chine
Primula denticulata,
primulacées
Plante vivace rustique,
vigoureuse, de 30 cm, à fleurs
lilas pâle de mars à mai.

Chèvrefeuille,
Lonicera x *heckrottii* 'Gold Flame'

Plantation : en terre fraîche
et bien drainée, en plein
soleil ou à mi-ombre.
Entretien : apportez
régulièrement de l'engrais.
*Utilisations : fleurs et feuilles
sont excellentes dans les soupes.
Cristallisez les fleurs. Le sirop
lutte contre la mélancolie, la
tisane diminue la tension, calme
maux de tête et sommeil agité.*

Primevère oreille d'ours
Primula auricula rowena,
primulacées
Plante vivace rustique
à feuilles ovales vert pâle
et fleurs jaunes de mars à mai.
Hauteur et étalement : 15 cm.
Plantation : plantez à 15 cm
d'intervalle, à mi-ombre
ou à l'ombre, dans une terre
de jardin fertile, qui ne se
dessèche pas l'été. Fertilisez
et maintenez le sol humide.
Entretien : rentrez
les plantes dès novembre ;
cela favorisera des floraisons
échelonnées de janvier
à avril-mai.
*Utilisations : espèce
ornementale. Pour un usage
culinaire, préférez P. officinale
dont les fleurs et les feuilles
s'utilisent dans les farces et les
soupes. Les fleurs cristallisées
sont appréciées en confiseries.*

Sauge
Salvia haematodes,
labiées
Plante herbacée
semi-rustique à port dressé
formant un petit buisson
de 1 m. Fleurs pourpres
à profusion qui apparaissent
de juin à septembre.
Plantation : début mai,
dans un endroit abrité.
Entretien : arrosez
beaucoup lors de
la plantation et de
la croissance. Enrichissez
le sol de mai à septembre.
Protégez la plante du gel.
*Utilisations : saveur citronnée,
camphrée et poivrée
pour préparations salées
et sucrées. Les fleurs séchées
s'utilisent en infusion.
La sauge est stimulante,
stomachique, antisudorale,
emménagogue et astringente.*

FLEURS D'ÉTÉ

Campanule des Carpates
Campanula carpatica,
campanulacées
Espèce vivace tapissante,
compacte, de 20 à 30 cm,
à fleurs bleues en clochette
de juin à août.
Plantation : entre
septembre et avril, dans
une terre fraîche, fertile et
bien drainée, non calcaire,
au soleil ou à mi-ombre.
Entretien : coupez les fleurs
fanées. Prélevez des boutures
et des rejets pour rajeunir
les touffes au printemps
ou en automne.
*Utilisations : les fleurs peu
odorantes décorent les salades.
Les clochettes offrent de jolis
contenants pour le miel, la
confiture, la glace, la compote,
la pâte d'amandes. Les feuilles
de rapionce (C. rapunculus)
se mangent en salade.
Les racines de C. rotundifolia
luttent contre les malaises,
les faiblesses cardiaques.*

Capucine
Tropaeolum,
tropaeolacées
Plante annuelle volubile
à longues feuilles pétiolées.
Fleurs estivales. Divers coloris.
Plantation : dans une terre
ordinaire, en plein soleil.
Entretien : cette plante
grimpante doit être soutenue.
Meurt dès les premières gelées.
Arrosez raisonnablement
chaque semaine.
*Utilisations : fleur cultivée
dans les Andes depuis
8 000 ans. Feuilles, boutons
floraux et fleurs parfumés ont
une saveur piquante, musquée
et poivrée. Cueillez-les le matin.
Les fleurs s'utilisent en salade,
en vinaigrette, dans les sauces
de crustacés, les farces de viande
et comme feuilles potagères.
La capucine stimule la digestion.
Riche en vitamines, elle est dite
aphrodisiaque. L'infusion calme
rhume, toux, infections urinaires.*

Centaurée
Centaurea dealbata
'Steenbergii',
composées
Vivace de 45 à 60 cm
à feuillage gris-vert, argenté,
et à fleurs d'un rose profond
de juin à septembre.
Plantation : entre octobre
et mars, en sol fertile
et bien drainé, au soleil,
à 60 cm d'intervalle.
Entretien : divisez
les touffes tous les 3 ans.
Éliminez les fleurs fanées.
*Utilisations : les pétales
embellissent les salades.
La plante a les mêmes vertus
antiseptiques que le bleuet.*

Chrysanthème
Chrysanthemum
'Clara Curtis',
composées
Plante annuelle de 60 cm
à port dressé, à feuillage
vert brillant et fleurs simples
roses à cœur jaune,
de juin à septembre.

Plantation, entretien et utilisations : voir Chrysanthème des fleuristes, *Chrysanthemum* type simple 'Rebecca', p. 91.

Lin
Linum 'Himmelszelt', linacées

Plante annuelle de 30 à 60 cm formant des tiges grêles. Feuillage vert-gris, fleurs azur, de juin à août.
Plantation : semez les graines en mars-avril, en sol ordinaire bien drainé, en plein soleil. Éclaircissez les plants.
Entretien : rabattez les tiges sèches en octobre-novembre.
Utilisations : *sa saveur légère convient aux salades. Les pétales créent un joli effet.*

Œillet d'Inde
Tagetes patula, composées

Plante herbacée annuelle semi-rustique de 30 cm de hauteur à feuillage vert foncé très découpé et fleurs semi-double, jaunes et rouge brun, de juin aux premières gelées.
Plantation : mettez en pot en mai, en terre ordinaire et au soleil.
Entretien : arrosez les plants après transplantation. Éliminez les fleurs fanées.
Utilisations : *« fleur condiment » à forte odeur. Saveur balsamique. Les pétales parfument et colorent en jaune crèmes au fromage blanc, vinaigrettes et légumes.*

Rosier
Rosa 'Cocktail', rosacées

Rosier grimpant, remontant, de 2 à 3 m. Fleurs simples bicolores rouge et jaune, au parfum frais ; étamines jaunes.
Plantation : plantez en sol riche, bien drainé. Incorporez régulièrement fumier, compost et engrais naturels.
Entretien : taillez en mars, gardez les branches maîtresses.
Utilisations : *la rose est astringente pour la peau, calmante et antihémostatique.*

Rosier
Rosa 'Gold Glow' création Mauryflor, rosacées

Rosier buisson remontant, atteignant 90 cm. Fleurs jaune vif, brillantes, parfumées.
Plantation : voir Rosier, *Rosa* 'Cocktail'.
Entretien : éliminez le bois mort. Taillez en décembre ou en mars, après les gelées.
Utilisations : *les pétales à la saveur légère parfument les farces de viande, les salades et les salades de fruits. Ils peuvent être cristallisés, macérés dans du lait, de l'eau, un sirop de sucre, ou dans l'alcool.*

Rosier
Rosa 'La Passionnata', rosacées

Rosier buisson remontant à grandes fleurs rose-rouge flammées de jaune au cœur.
Plantation et entretien : voir Rosier *Rosa* 'Gold Glow'.
Utilisations : *fleur au parfum fruité pour desserts et chutneys ; les pétales s'utilisent cristallisées, les fleurs entières en beignets.*

Sauge, *Salvia grahamii*

Rosier
Rosa 'Santana', rosacées

Rosier buisson remontant, atteignant 2,50 m. Fleurs turbinées, rouge soutenu.
Plantation et entretien : voir Rosier, *Rosa* 'Gold Glow'.
Utilisations : *fleurs au parfum léger et frais, convenant à tous les usages culinaires pour des préparations salées et sucrées.*

Rosier
Rosa 'Sultane', rosacées

Rosier grimpant atteignant 2 m, à fleurs rouge orangé, flammées de jaune au cœur.
Plantation et entretien : voir Rosier, *Rosa* 'Cocktail'.
Utilisations : *parfum riche et fruité idéal pour les desserts. Utilisez les pétales macérés dans le lait pour des crèmes, cristallisés, ou séchés et réduits en poudre pour les sautés de viande, les farces, les curries, les entrées salées et les beignets.*

FLEURS D'AUTOMNE

Aster
Aster dumosus 'Lady in Blue', *A.* 'Kippenberg', composées

Vivace herbacée rustique de 40 cm à fleurs en marguerite parme au cœur jaune d'or, d'août-septembre à octobre.
Plantation : en octobre et mars, en bacs et pots, en terre ordinaire de jardin, au soleil.
Entretien : coupez les tiges fanées avant l'hiver et les fleurs fanées au fur et à mesure.
Utilisations : *« fleur salade » aux jolis pétales, à la saveur peu prononcée et légèrement sucrée de miel, qui ornent salades ou sautés de légumes. Faites-les aussi macérer ou cuire dans un sirop de sucre ou dans du miel. Fleur mellifère, l'A. ericoides, au port buissonnant, riche en nectar, est apprécié des apiculteurs. Si l'on fait bouillir sa racine, on obtient un collyre. L'A. amellus possède une racine utilisée pour calmer la toux et réduire les hémorragies internes.*

Bruyère
Erica gracilis, éricacées

Sous-arbrisseau de 40 cm portant en fin d'été et en automne des épis fournis d'un beau rose.
Plantation et entretien : en sol humide et acide.
Utilisations : *voir Bruyère, Erica ciliaris, p. 44.*

Nepeta
Nepeta nervosa, labiées

Vivace buissonnante de 45 à 60 cm portant du milieu de l'été au début de l'automne des épis floraux bleu-violet.
Plantation, entretien et utilisations : voir Nepeta, *Nepeta*, p. 149.

Sauge
Salvia grahamii, labiées

Arbuste compact semi-rustique de 60 à 90 cm. Feuillage vert clair légèrement blanc et dentelé, caduc. Revers d'un blanc laineux. Fleurs rouge vif qui fleurissent de juin jusqu'au début de l'automne.
Plantation : en pot, en jardinière, ou en pleine terre au jardin. Placez-la en pleine lumière, au soleil.
Entretien : procédez à des arrosages fréquents mais modérés. Récoltez les inflorescences en juin et faites-les sécher au soleil.
Utilisations : *plante mellifère, dont le feuillage dégage au froissement une odeur de citron. Délicieuse en macération dans les liqueurs, les eaux parfumées. La plante est tonique, diurétique, spasmodique et stomachique.*

sous le soleil de midi, terrasse en ville

Toute la neige à toi seul
Prunus perçant la blancheur
Toute la terre en toi seul
Jet de sang jailli du cœur.

François Cheng (né en 1929)

La terrasse et ses opulentes floraisons sous le souffle chaud de l'été : cet immeuble moderne proche du quartier de La Défense possède un appartement entièrement bordé par une grande terrasse dominant la Seine. Nous avons pris plaisir à y créer un véritable jardin avec pelouse, arbustes et petits arbres pour oublier définitivement le tumulte de la ville.

En bas : Un seul pied de millepertuis produit en une année jusqu'à trente mille graines, dispersées par le vent.

Ici, la sensualité triomphante de la nature s'impose avec brio sans pourtant devenir oppressante. Les meubles de la terrasse, en bois de teck gris clair, apportent une touche raffinée en accord avec le style de l'appartement. Les baies vitrées ouvrent sur les jardins de la terrasse. L'agencement des végétaux, en berceau de verdure, suggère d'emblée la campagne. Les fleurs illuminent et embaument les lieux. C'est le vert tendre qui annonce le printemps ; le rouge et l'or des feuillages nous avertissent de l'arrivée de l'automne et des premiers frimas.

Les enfants savent profiter de ce nouvel espace qui leur rappelle les vacances. Il fait chaud sous le soleil de l'été et l'on ne songe pas à partir, confortablement installé sur une chaise longue pour un bain de soleil, ou attablé pour un déjeuner en plein air. Il s'agit bien d'un art de vivre à la ville comme à la campagne.

Un arrosage goutte-à-goutte a été installé dans les pots et les jardinières. Mais arroser de temps en temps avec les moyens du bord reste un plaisir pour profiter du parfum des fleurs, fouler l'herbe douce aux pieds et, surtout, voir croître et embellir ce cadre luxuriant.

COMMENT CRÉER CE JARDIN ?
Espace technique et parti pris paysager

La terrasse, longue de 15 m sur 3, est prolongée par deux zones : l'espace repas et l'espace détente, situés à gauche et à droite de l'appartement. En été, un parasol de toile écrue vient ombrager la table et les chaises hautes.

Une jardinière en teck est agencée le long de la terrasse ; elle est plantée de petits arbres et d'arbustes élégants pour partie persistants, comme le magnolia. Des pots et jardinières mobiles complètent cette installation ; en créant un niveau de plantation intermédiaire entre les grands arbustes et le gazon, ils font naître une impression de berceau vert et fleuri. Nous y avons planté des vivaces et des annuelles. Deux poteries disposées à proximité de la porte d'accès à la terrasse accueillent des aromates.

Il faut rappeler qu'une terrasse plantée doit être aux normes pour supporter le poids des jardinières, pots et vasques remplis de terre, garnis

comment créer ce jardin ?

À la fin du printemps, renouvelez les fleurs de votre jardinière avec des œillets d'Inde jaune orangé, des pensées rose bleuté et une jolie capucine jaune pâle.

Le choix des matériaux

C'est le bois de teck gris qui domine ici les autres matériaux ; il compose la grande jardinière, deux grands caissons encadrant un joli banc du même bois, et le plancher de l'espace repas.
Six jardinières d'une belle terre cuite doublent la longue jardinière de teck, et deux grandes poteries accueillent les aromates ou les plantes annuelles comme les bégonias. Bien protégées des vents froids et desséchants, ces poteries ne craignent pas le gel.

Les terres recommandées

Pour la plantation des fleurs et arbustes à fleurs comestibles, nous avons opté pour une terre riche composée de terre de jardin (2/3) et de terreau (1/3), à laquelle nous avons ajouté un peu de fumier bien décomposé au moment de la plantation.
Des hortensias, fleurs non comestibles, figuraient déjà dans ce jardin. Pour eux, il faut prévoir une terre de bruyère.
Afin d'éviter le dessèchement de la terre et des racines qui remontent en surface, pensez à déposer une couche d'écorces de pin ou de cacao.

Pour installer les plantations de cette terrasse, nous avons utilisé :
- 2 m^3 de terre de jardin ;
- 1 m^3 de terreau ;
- 25 kg de fumier décomposé ;
- 6 sacs d'écorces de pin ;
- un système d'arrosage goutte-à-goutte.

d'arbres et d'arbustes, qui doivent être arrosés très régulièrement (voir à ce sujet « Fantaisie en blanc sur le toit », p. 72).
Pour implanter une pelouse, il faut avant toute chose prévoir un enduit protecteur sur le sol maçonné, pour éviter les infiltrations d'eau qui à terme finissent par détériorer le revêtement de la terrasse. En principe, les écoulements pour les eaux de pluie sont prévus à la construction, et le sol supporte les précipitations dues aux orages et aux pluies. Cependant, pour éviter tout désagrément, il est recommandé de poser une couche de bitume sur le béton, puis une couverture de feutre. On peut alors étaler un lit de terre pour ensuite semer le gazon, mais la formule de la pelouse « prête à poser », vendue au mètre carré, bien que plus coûteuse, donne souvent de meilleurs résultats.

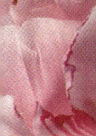

Les tubercules de dahlia (ici Dahlia hybride 'Unwin's Dwarf') se conservent l'hiver dans de la tourbe légèrement humide, à l'abri du gel.

En bas : Aster nain Aster novi-belgii. Ses fleurs mellifères sont très prisées des apiculteurs qui les implantent près des ruches.

Quelles fleurs choisir ?
Les petits arbres et arbustes à fleurs

Les arbres ne doivent pas s'élever à plus de 3 m. Évitez les espèces à racines drageonnantes. Sur une terrasse, arbres et arbustes doivent êtres régulièrement taillés pour conserver un volume et une silhouette équilibrés, et abondamment arrosés, notamment en période de sécheresse.

Renouvelez les amendements pour, chaque année, nourrir la terre. Éliminez les branches mortes. Vous trouverez toutes les indications nécessaires dans les fiches des pages 64 à 69. Le choix des arbres pour l'écran de verdure a toute son importance sur une terrasse ouvrant sur la façade d'immeubles en vis-à-vis.

Nous avons choisi un mimosa des quatre saisons pour l'éclat de ses fleurs aromatiques, promesse de beaux jours ; un lilas dont les grappes odorantes apparaissent en mai ; un *Magnolia grandiflora* à feuillage persistant et grandes fleurs blanc ivoire très parfumées s'épanouissant dès juin ; plusieurs conifères à la forme libre ou en colonne, comme les buis odorants ; un laurier, un cerisier, un prunier et un petit pommier qui offriront les plaisirs de la cueillette. L'ensemble des feuillages vert franc, vert bouteille, vert tendre, cuivré, aériens, en touffe ou en colonne, s'accorde harmonieusement, comme une parcelle de campagne au cœur de la ville. Les arbustes masquent les troncs des arbres et comblent les vides : un *Magnolia stellata* et ses fleurs blanches, un mahonia à floraison automnale, un rosier anglais 'Wenlock' et ses fleurs cramoisies aux senteurs de rose ancienne.

Les vivaces

Comme les bulbes de tulipes, de lis et de narcisses, elles resteront en place dans leur pot ou jardinière pendant plusieurs années. De temps en temps, après l'hiver, vous diviserez les touffes pour contenir leur développement et les empêcher d'étouffer leurs voisines. Toutes ces plantes vous permettront de fleurir vos jardinières au fil des saisons :

• Fleurs de printemps : les bleuets, tulipes, primevères (*Primula malacoides* et *P. obconica*), la cardamine *Trifolia* aux fleurs roses pâles et à la douce saveur, le pavot *Romneya coulteri* qui fleurit de juin à septembre.

Double page précédente : De la fin de l'été aux premières gelées, les floraisons vont persister. Éliminez régulièrement les fleurs fanées.

Romneya, R. coulteri, plante herbacée vivace aux magnifiques fleurs, ressemble beaucoup au pavot.

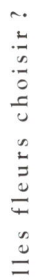
quelles fleurs choisir ?

• Fleurs d'été : une pivoine à fleurs roses, une potentille blanche, des bruyères (*Erica carnea* et *E. gracilis*), un pélargonium 'Angel', des campanules bleues, une marjolaine sauvage, de l'aneth et du fenouil si gracieux au pied des rosiers, des *Oxalis adenophylla*, une cardamine (*Cardamine trifolia*), de jolis dahlias décoratifs moyens, une vasque de bégonias tubéreux, une fougère, des œillets mignardise et une lavande 'Hidcote' qui fleuriront jusqu'à l'automne.

• Fleurs d'automne : un romarin officinal à fleurs bleues, excellent aromate, une gentiane alpine, l'incontournable et gracieux érigéron, des dahlias et des asters, un millepertuis, encore fleuri, quatre chrysanthèmes dont les fleurs condimentaires sont idéales dans les soupes et les sauces du fait de leurs saveurs originales, une sauge pourpre, un coréopsis et, proche des chrysanthèmes, un nepeta à feuillage gris-vert et fleurs bleues. Mais aussi la mauve qui continue sa floraison à cette époque.

• Ces fleurs sont complétées par une potée de plantes aromatiques à utiliser fraîches ou séchées, précieuses l'hiver à la cuisine (origan, thym citronnelle, basilic pourpre, sauge, tanaisie, hysope, matricaire, absinthe). Très appréciées en cuisine, ces plantes ont également une utilisation médicinale (voir notices pp. 64 et 69). À cette potée d'aromates s'ajoute un pot de plantes condimentaires (ail des ours, ciboulette, aneth, roquette, cerfeuil musqué, coriandre) qui relèveront vos préparations.

• Enfin, dans la vasque de terre cuite, melianthus, armoise, mauve (*Malva sylvestris*) et anthémis à fleurs blanches serviront d'aromates frais ou, séchés, seront utilisés en infusions, macérations et décoctions.

Les annuelles

Procurez-vous les annuelles au début du printemps en pépinière ou dans une jardinerie et plantez-les dès que les gelées ne sont plus à redouter et que le soleil réchauffe l'atmosphère.

• Au printemps, vous profiterez des pâquerettes blanches et roses (bisannuelles), des pensées (bisannuelles) aux couleurs riches et variées.

• En été, s'épanouiront les capucines grimpantes à fleurs jaunes, rouges, rose pâle, les bégonias tubéreux aux tons variés, les fraîches verveines aux fleurs pourpres : autant de précieux condiments frais, piquants et acidulés pour votre cuisine, que viendront compléter des impatiens à mettre dans vos salades.

La « lavande vraie », Lavandula augustifolia 'Vera', vient des Alpes et de l'Europe du Sud.

Salade de Julia aux épinards

pour 6 personnes
préparation : 25 minutes
cuisson : 12 minutes

1 bol de pétales de pivoine parfumée
1 kg d'épinards frais
quelques grandes feuilles d'un chou vert
1 avocat
1 petit bouquet de persil simple
1 petit bouquet de ciboulette
2 citrons
2 oignons blancs
6 aiguillettes de poulet rôti
125 g de fromage blanc battu
125 g de papaye confite en petits cubes
2 cuillerées à soupe d'huile d'olive
sel et poivre

1 Lavez les pétales de pivoine, le persil, la ciboulette et les épinards. Séchez-les. Équeutez les épinards.
2 Lavez les oignons et émincez-les finement.
3 Faites cuire les aiguillettes de poulet dans l'huile d'olive pendant 12 minutes. Ajoutez la moitié de l'oignon émincé et arrosez avec le jus d'un demi-citron. Salez et poivrez.
4 Dans un grand saladier, disposez les feuilles de chou pour former un nid et remplissez-le avec les épinards.
5 Dispersez le reste de l'oignon sur la salade. Hachez le persil et répartissez-en la moitié sur la salade.
6 Émincez la ciboulette et la moitié des pétales de pivoine ; réservez-les.
7 Épluchez l'avocat et découpez-le en tranches régulières.
8 Disposez les aiguillettes de poulet et les tranches d'avocat au centre de la salade, en les alternant.
9 Répartissez joliment les pétales de pivoine entiers. Arrosez la salade avec le jus d'un demi-citron.
10 Préparez la sauce : salez et poivrez le fromage blanc et ajoutez le reste du persil, le hachis de pétales et de ciboulette, puis la papaye confite. Arrosez avec le jus d'un demi-citron.
11 Tenez le tout au frais. Servez la salade accompagnée de la sauce à la pivoine.

Grenadins de veau aux chrysanthèmes et leur riz fleuri

pour 6 personnes
préparation : 35 minutes
cuisson : 25 minutes

3 fleurs de chrysanthème lie-de-vin
3 fleurs de chrysanthème blanc
3 fleurs de chrysanthème rose
3 fleurs de chrysanthème jaune
6 grenadins de veau
1 litre de bière
150 g de champignons de couche
4 petits oignons blancs
2 échalotes
1 gousse d'ail
5 cuillerées à soupe d'huile de maïs
cumin en poudre
6 tasses de riz thaï parfumé
sel et poivre gris

1 *Pelez les oignons, l'ail et les échalotes, puis émincez-les finement.*
2 *Lavez les fleurs et détachez les pétales. Réservez-les.*
3 *Nettoyez et lavez les champignons. Détaillez-les en lamelles.*
4 *Faites revenir les grenadins dans une poêle, avec deux cuillerées à soupe d'huile.*
5 *Ajoutez l'oignon et l'ail et laissez dorer. Saupoudrez un peu de cumin sur la viande, puis ajoutez la moitié des pétales de fleur. Mouillez avec un quart de litre de bière. Salez et poivrez. Couvrez la poêle.*
6 *Laissez cuire la viande sur feu moyen pendant 10 minutes. Ajoutez les champignons et continuez la cuisson pendant 5 minutes.*
7 *Réalisez un riz pilaf en le faisant tout d'abord frire dans une poêle pendant 2 minutes avec deux cuillerées à soupe d'huile chaude.*
8 *Dans une petite poêle, faites dorer dans une cuillerée à soupe d'huile les échalotes émincées, puis ajoutez le reste de pétales. Retirez très rapidement du feu.*
9 *Mouillez le riz avec le reste de la bière. Salez et poivrez. Laissez cuire doucement pendant 8 minutes.*
10 *Au terme de la cuisson, incorporez au riz le mélange de pétales de fleurs et d'échalote.*
11 *Présentez le riz en couronne avec les grenadins au milieu.*

Omelette aux pétales d'anthémis

pour 6 personnes
préparation : 10 minutes
cuisson : 5 minutes

10 fleurs d'anthémis
8 œufs
30 g de margarine
1 petit bouquet de persil
sel et poivre

1 *Lavez les fleurs et détachez les pétales. Réservez-les.*
2 *Lavez et hachez le persil.*
3 *Cassez les œufs dans une jatte et battez-les à la fourchette. Salez et poivrez. Ajoutez les deux tiers des pétales d'anthémis.*
4 *Laissez fondre la margarine dans une poêle et versez les œufs dans la matière grasse bien chaude. Faites cuire à feu vif. Ramenez le contour de l'omelette plus cuite vers le centre sans toutefois la laisser trop sécher par une cuisson prolongée.*
5 *Décorez l'omelette avec le reste des pétales et un peu de persil.*

Cœurs de laitue braisés aux fleurs

pour 6 personnes
préparation : 15 minutes
cuisson : 8 minutes

1 pivoine rouge parfumée
6 cœurs de laitue
1 oignon
5 cuillerées à soupe de bière brune
1 pomme verte granny smith
25 g de beurre
1 cuillerée à soupe de crème fleurette
sel, poivre vert moulu

1 *Lavez la pivoine et détachez les pétales. Réservez-les.*
2 *Lavez et égouttez les cœurs de laitue.*
3 *Pelez l'oignon ; émincez-le en rondelles fines. Épluchez la pomme et coupez-la en tranches.*
4 *Faites fondre le beurre dans une poêle et laissez dorer les cœurs de laitue sur feu doux.*
5 *Ajoutez la pomme, puis l'oignon et la moitié des pétales de pivoine. Arrosez avec la bière. Versez la crème. Salez et poivrez. Faites chauffer le mélange sans porter à ébullition. Retirez rapidement du feu: ne laissez pas cuire les cœurs de laitue ; ils doivent rester croquants sous la dent.*
6 *Mélangez le reste de pétales frais à la préparation. Servez chaud, accompagné de pain de campagne et de jambon de pays. Comme boisson, proposez de la bière.*

Beignets de tulipe à la pomme

pour 6 personnes
préparation : 35 minutes
repos de la pâte : 1 heure
cuisson : 20 minutes

6 tulipes parfumées (si elles ne sont pas parfumées, aromatisez la pâte à beignets avec du sucre vanillé, du café, de la cannelle, du citron, etc.)
3 pommes reinettes
150 g de farine tamisée
1 œuf
1 citron
2 cuillerées à soupe de sucre semoule
1/2 litre de lait entier
1 petite cuillerée à café de poudre de cannelle
(1 cuillerée à soupe de sirop de rose)
huile de friture

1 *Faites chauffer le lait dans une casserole.*
2 *Préparez la pâte : mélangez l'œuf à la farine, puis délayez en versant peu à peu du lait chaud, jusqu'à ce que la pâte devienne fluide mais pas trop claire : elle doit bien napper la cuiller. Ajoutez la cannelle en poudre et le sucre semoule. Mélangez et laissez reposer la pâte pendant 1 heure.*
3 *Pelez les pommes et coupez-les en quartiers. Pressez le citron et mouillez les pommes avec ce jus. Ajoutez une cuillerée à soupe de sirop de rose.*
4 *Faites chauffer l'huile pour la friture.*
5 *Lavez les tulipes et laissez une queue de 10 cm.*
6 *Farcissez chaque tulipe avec deux ou trois quartiers de pomme. Fermez le haut de la tulipe avec de la ficelle de cuisine.*
7 *Trempez les tulipes une à une dans la pâte à beignets et plongez-les dans l'huile bouillante en les tenant par la queue. Laissez-les frire pendant 2 ou 3 minutes.*
8 *Déposez les beignets de tulipe côte à côte sur un plat garni d'une feuille de papier absorbant et enlevez la ficelle. Saupoudrez-les de sucre.*

Vin chaud aux aromates fleuris

pour 2 personnes
préparation : 5 minutes
cuisson : 8 minutes

1 rameau de thym fleuri
1 tige d'armoise
1 inflorescence de lavande
1 tranche de citron vert
1/2 litre de vin rouge
80 g de sucre de canne cristallisé
1 clou de girofle
1 bâton de cannelle
1 pincée de poudre d'anis vert
1 grain de poivre noir

1 *Lavez le thym, l'armoise, la lavande et égouttez-les.*
2 *Faites chauffer le vin doucement pendant 5 ou 6 minutes avec tous ces aromates fleuris, le clou de girofle, la cannelle, l'anis et le poivre.*
3 *Laissez bouillir pendant 2 minutes et retirez du feu. Filtrez le vin et sucrez-le.*
4 *Servez bien chaud avec une rondelle de citron vert.*

les plantes de la terrasse

Plantations d'automne pour les floraisons du printemps

Amandier de Chine
Prunus triloba 'Multiplex', **rosacées**
Forme naine de 1,50 m à feuilles caduques et petites fleurs doubles en forme de rose en mars-avril.
Plantation : au début de l'automne, dans un sol encore chaud, pas trop sec ni trop humide. Petit arbre à enracinement superficiel.
Entretien : après la plantation, supprimez un tiers de la longueur des branches pour favoriser la ramification.
Utilisations : les pétales, doux sur la langue et un peu amers, s'ajoutent aux salades. Les tisanes sont défatigantes. En infusion, les fleurs de P. persica agissent contre les parasites intestinaux.

Anthémis
Anthemis punctata cupaniana, **composées**
Voir p. 44.

Aster
Aster dumosus 'Dandy', **composées**
Aster nain d'automne. Plante vivace de 30 à 60 cm de hauteur à feuilles linéaires à bords dentés. Fleurs groupées en panicules lâches, roses à cœur jaune, d'août à octobre.
Plantation : entre octobre et mars, au soleil, dans une terre ordinaire de jardin bien drainée.
Entretien : supprimez les fleurs fanées au fur et à mesure, et les tiges fanées dès les premiers gels.
Utilisations : les jolis pétales de cette « fleur salade », à la saveur peu prononcée et légèrement sucrée de miel, ornent salades ou sautés de légumes. Fleur mellifère, l'*A*. ericoides est apprécié des apiculteurs. Sa racine bouillie donne un collyre. Celle de l'*A*. amellus calme la toux et réduit les hémorragies internes.

Bégonia
Begonia boweri, **bégoniacées**
Plante vivace à rhizome, de 15 à 20 cm, à fleurs rose pâle ou blanches, en février et mai, et feuillage vert émeraude et velu, à bord brun chocolat.
Plantation, entretien et utilisations : voir Bégonia, *Begonia* x *hyperhybrida*, p. 151.

Bleuet
Centaurea moschata, **composées**
Plante annuelle de 60 cm à feuilles gris-vert et fleurs blanches, jaunes, roses ou pourpres de juin à septembre.
Plantation : dans une terre ordinaire de jardin. Pousse bien dans les terres incultes.
Entretien : éliminez les fleurs fanées.
Utilisations : les pétales sont décoratifs dans les salades. Les infusions aident la digestion. Le bleuet a des vertus antiseptiques et stimulantes. La lotion lutte contre les irritations des yeux.

Campanule
Campanula medium, *C. latilobia*, **campanulacées**
Plante bisannuelle de 40 à 90 cm à port dressé. Longues feuilles vert vif, duveteuses, à bords ondulés. Fleurs blanches, bleues, roses ou violettes, campanulées, de mai à juillet.
Plantation : entre septembre et avril, en sol fertile et bien drainé, au soleil ou à mi-ombre.
Entretien : en octobre, divisez les plantes très touffues.
Utilisations : les corolles offrent de délicats contenants pour présenter miel, confiture, compote et pâte d'amandes...

Chrysanthème des fleuristes
Chrysanthemum 'Brasier', **composées**
Voir p. 148.

Chrysanthème
Chrysanthemun 'Papa Moustache', **composées**
Fleurs mauve à revers lilas.
Plantation, entretien et utilisations : voir Chrysanthème des fleuristes, *Chrysanthemum* type simple 'Rebecca', p. 91.

Chrysanthème
Chrysanthemum 'Tyregaporant', **composées**
Plante vivace semi-rustique. Type rayonnant assez lâche, genre fleur de dahlia. Grande fleur rose à pétales doubles, de septembre aux premiers gels.
Plantation, entretien et utilisations : voir Chrysanthème des fleuristes, *Chrysanthmum* type simple 'Rebecca', p. 91.

Campanule, *Campanula latilobia*

Chrysanthème
Chrysanthemum
'Type pompon',
composées
Plante vivace semi-rustique. Fleurs blancs crème à cœur vert et rose qui apparaissent de septembre aux premiers gels.
Plantation, entretien et utilisations : voir *Chrysanthemum* des fleuristes, Chrysanthème type simple 'Rebecca', p. 91.

Érigéron
Leiomerus 'Vergerette',
composées
Plante vivace basse de 25 cm de hauteur, à feuillage vert franc. Petites fleurs en forme de pâquerettes à pétales roses et étamines jaunes. Floraison de mai à octobre.
Plantation : en automne ou au printemps, dans un sol frais, humide mais bien drainé. Situation ensoleillée.
Entretien : au printemps ou en automne, divisez les touffes.
Utilisations : aromatisez votre vinaigre avec les fleurs et utilisez-le dans vos plats de viande ou vos salades.

Gentiane acaule
Gentiana acaulis,
gentianacées
Plante vivace de 8 cm, à fleurs d'un beau bleu profond et lumineux qui fleurissent en mai et juin. Étalement : 45 cm.
Plantation : entre septembre et mars dans une terre enrichie, bien drainée et sans calcaire, au soleil.
Entretien : arrosez bien avant de planter et pendant la période d'enracinement.
Utilisations : la gentiane jaune a des tiges et des racines au goût amer qui étaient utilisées pour la réalisation de toniques nerveux, de digestifs et d'apéritifs : faites macérer fleurs et fragments de tiges dans de l'alcool ou des sirops de fruits.

Lilas
Syringa afghanica,
oléacées
Petit arbre rustique à feuillage léger, caduc, et fleurs lilas rosé apparaissent en avril-mai. Hauteur : 1,20 m, étalement : 1 m.
Plantation : entre octobre et décembre, au soleil ou à mi-ombre, en sol fertile.
Entretien : supprimez les fleurs qui se forment la première année.
Utilisations : la panicule de fleurs, au parfum enivrant, se cristallise au sucre pour décorer desserts et gâteaux ; infusée, elle aromatise le lait, les sirops de sucre bouillants et les ganaches de chocolat.

Mauve
Malva sylvestris,
malvacées
Plante vivace arbustive de 60 cm à racine pivotante, à feuilles cordiformes vert foncé et fleurs rose-pourpre, de la fin du printemps au milieu de l'automne.
Plantation : d'octobre à mars (sujets en motte), dans une terre ordinaire de jardin, au soleil ou à mi-ombre.
Entretien : prévoyez des tuteurs. Rabattez sévèrement les tiges à l'automne.
Utilisations : parfumez vos salades avec les fleurs ou utilisez fleurs et feuilles en légumes. L'infusion de mauve a un effet bénéfique contre les inflammations, les bronches irritées et les douleurs intestinales. La plante est riche en vitamines mais l'automédication est dangereuse en raison de ses éventuels effets sur le taux de glycémie.

Pensée, *Viola* x *wittrockiana*, hybride à fleurs jaunes

Mimosa
Acacia retinodes,
A. floribunda,
légumineuses
Grand arbuste atteignant 8 m, à feuillage argenté persistant et longues panicules de petites fleurs jaunes et duveteuses. *A. floribunda* fleurit au printemps, *A. retinodes* presque toute l'année.

Plantation : dans un compost riche et bien drainé. Ne comprimez pas les racines, qui sont gourmandes.
Entretien : exige beaucoup d'air et de lumière toute l'année. Arrosez peu en automne et en hiver. Rempotez en mars et apportez de l'engrais tous les 15 jours.
Utilisations : jeunes feuilles, pousses et graines se dégustent bouillies. Leur saveur évoque le parfum des violettes, du jasmin et du miel. Seules les fleurs se cristallisent dans le sucre pour décorer gâteaux et entremets. Leur arôme relève les légumes verts (haricots verts, brocolis). Elles sont aussi excellentes pour un confit sucré.

Œillet mignardise
Dianthus plumarius
'Desmond',
caryophyllacées
Plante vivace de 25 à 30 cm de hauteur
Plantation, entretien et utilisations : voir Œillet de Chine, *D. chinensis*, p. 149.

Pensée
Viola x *wittrockiana*,
violacées
Plante vivace de 15 à 25 cm à grandes fleurs de mars à août. Il existe des hybrides à fleurs jaunes.
Plantation : en septembre-octobre ou en mars-avril, en sol riche et frais, bien drainé, à mi-ombre.
Entretien : coupez les fleurs fanées.
Utilisations : fleurs à la saveur printanière. Coupez-les en lamelles pour parfumer et décorer farces d'œufs et salades.

Pivoine
Paeonia officinalis 'Alba Plena' et 'Rubra Plena',
paeoniacées
Plante herbacée vivace de 80 cm à feuilles très découpées, parfois velues au revers, et fleurs doubles rouge cramoisi ('Rubra Plena') ou rose pâle à blanches ('Alba Plena'), en juin.
Plantation : entre septembre et mars, en sol frais et bien drainé. Avant la plantation, incorporez du fumier bien décomposé.
Entretien : faites un apport annuel de fumier bien décomposé en avril. Pour la cuisine, cueillez les fleurs à peine écloses, le matin. Coupez l'extrémité de la tige à 10 ou 15 cm du calice et mettez en vase dans une eau fraîche.
Utilisations : « fleur légume » à saveur de miel. Ajoutez les pétales à une salade verte, à des farces de viande, de légumes, d'herbes aromatiques. Faites-en des beignets salés.

Primevère
Primula malacoides,
P. obconica 'Elvire'
et *P. vulgaris*,
primulacées
Plante vivace de 30 à 50 cm à feuilles velues et à grappes de fleurs rose-mauve, de fin décembre jusqu'en avril.

Plantation : dans une terre de jardin fertile qui ne se dessèche pas.
Entretien : maintenez le sol humide par temps sec avec un paillis de tourbe.
Utilisations : *feuilles et fleurs font d'excellentes soupes. Les fleurs se cristallisent au sucre et au blanc d'œuf.*

Tulipe
Tulipa darwin 'Niphetos', **liliacées**
Plante bulbeuse de 60 à 80 cm, à feuilles étroites vert glauque, et fleurs arrondies, parfumées, jaunes, en mai.
Plantation : à l'automne, dans une terre de jardin bien riche.
Entretien : les bulbes peuvent rester dans le même pot 2 ou 3 ans. Coupez les fleurs dès que les pétales tombent.
Utilisations : *faites cuire les fleurs en beignets après avoir glissé à l'intérieur un quartier de pomme ou un autre fruit. Elles se consomment aussi en salade et en gratin.*

Tulipe
Tulipa 'Queen of Sheba', 'À fleurs de lis', **liliacées**
Plante bulbeuse de 50 à 60 cm de haut. Fleur allongée rouge bordée d'or à pétales pointus, en mars-avril.
Plantation : plantez les oignons en pot, en jardinière ou en massif, à l'automne, à 15 cm de profondeur. Terre bien drainée. Exposition au soleil.
Entretien : laissez en place jusqu'à ce que les fleurs jaunissent. Retirez alors les bulbes et maintenez-les dans un pot rempli de sable.
Utilisations : *la forme de cette tulipe est idéale en contenant à farcir et frire en beignet. La fleur n'étant pas parfumée, il faut aromatiser la pâte à beignets.*

PLANTATIONS DE PRINTEMPS POUR LES FLORAISONS DE L'ÉTÉ ET DE L'AUTOMNE

Absinthe
Artemisia absinthium, **composées**
Plante vivace de 1 m à feuillage profondément indenté. Petites fleurs jaunes groupées en capitules globuleux, à la fin de l'été.
Plantation et entretien : voir Armoise, *Artemisia vulgaris*.
Utilisations : *de saveur amère, la plante était autrefois utilisée pour préparer une liqueur nuisible à la santé. Feuilles et sommités florales infusées agissent sur la digestion, le foie, la vésicule biliaire et le sang, réduit les inflammations et dissout les impuretés. L'absinthe est un insecticide pour les plantes voisines.*

Armoise
Artemisia vulgaris, **composées**
Plante vivace aromatique de 0,60 à 2,50 m à feuillage argenté et grappes de minuscules fleurs jaune pâle de juillet à septembre.

Tulipe, *Tulipa darwin* 'Nephetos'

Plantation : dans une terre de jardin ordinaire, au soleil.
Entretien : plante de culture facile.
Utilisations : *la saveur est proche de celle de l'artichaut. Jeunes pousses et fleurs se dégustent en salade, cuites en beignets ou à l'eau. L'huile essentielle renferme un principe amer. L'armoise est emménagogue, cholagogue, digestive, antispasmodique et vermifuge. Plante toxique à forte dose.*

Bégonia
Begonia x tuberhybrida 'Jamboree', **bégoniacées**
Plante tubéreuse à grandes fleurs denses, en forme de rose, aux pétales frisés jaunes bordés d'orange, de juin à septembre.
Plantation : mettez les tubercules en culture en mars-avril à une température de 18 °C ; placez la partie creuse vers le haut dans des caissettes de 6 cm de profondeur remplies de tourbe humide. Plantez au jardin ou en jardinière fin mai, début juin, dans une terre enrichie de terreau de feuilles ou de tourbe.
Entretien : arrachez les tubercules début octobre et mettez-les à l'abri, enfouis dans du sable.
Utilisations : *adoucissez ce bégonia au goût acidulé et agréable par de la crème. Il relève mayonnaises, sauces au fromage blanc ou au yaourt, et vinaigrettes. On le cuit en beignets ou à la vapeur, ou encore au beurre à la poêle.*

Bruyère
Erica carnea, E. gracilis, **éricacées**
Plante vivace arbustive cultivée comme couvre-sol et pour ses fleurs roses en grappes, de l'automne au début du printemps. Hauteur : 30 cm, étalement : 60 cm.
Plantation : de préférence en sol acide. Se développe bien en pots.
Entretien : en hiver, évitez les températures supérieures à 5 °C ; arrosez modérément (la motte ne doit jamais sécher). Rempotez en mars en tassant le terreau. Supprimez les fleurs fanées et taillez les plantes à la défloraison.
Utilisations : *garnissez une cocotte en fonte avec les fleurs pour y faire cuire à l'étouffée, ou au four, des viandes ou un poisson. La senteur se communique au cours de la cuisson. Éliminez la bruyère au moment de servir.*

Capucine
Tropaeolum majus, **tropaeolacées**
Plante annuelle non rustique à port grimpant ou rampant. Fleurs jaunes ou orangées, à odeur forte de l'été jusqu'aux premières gelées.
Plantation : dans une bonne terre de jardin, pas trop riche pour éviter un trop grand développement des feuilles, au soleil. Pour hâter la floraison, on peut semer les graines en février-mars sous abri chauffé, puis mettre en place en avril-mai.
Entretien : arrosez généreusement par temps sec. Traitez contre les pucerons, en utilisant les produits bio.
Utilisations : *de saveur piquante et relevée, les fleurs et les feuilles se consomment crues dans les salades, avec les crustacés, les poissons blancs, les sauces. On peut réaliser des gelées avec les boutons, cristalliser au sucre les fleurs ou les cuire en beignets. Racines, feuilles et fleurs luttent contre le vieillissement et sont*

aphrodisiaques. Elles agissent contre les bactéries tout en respectant la flore intestinale. Prise en infusion, la capucine (fleurs et feuilles) soigne les troubles rhinopharyngés et les infections urinaires.

Cardamine
*Cardamine trifolia,
C. pratensis,*
brassicacées
Plante vivace de 60 cm formant une rosette basale de feuilles et des fleurs doubles rose-lilas pâle à la fin du printemps.
Plantation : semez au début du printemps dans un sol frais, riche en humus, au soleil ou à mi-ombre.
Entretien : plante spontanée près des rives et dans les prairies humides.
Utilisations : le goût des feuilles rappelle celui du cresson de fontaine. Fleurs et feuilles sont riches en fer et en minéraux. Débarrassées de leur calice amer, les fleurs ouvrent l'appétit, calment l'indigestion et ont des propriétés expectorantes. Consommez-les en salades.

Chrysanthème
Chrysanthemum coronarium hybrides,
composées
Plante annuelle de 0,30 à 1,20 m à feuilles vert pâle et fleurs semi-doubles blanches, roses, carmin ou jaunes, au printemps et en été.
Plantation : en sol fertile, frais mais bien drainé, au soleil, à 45 cm d'intervalle.
Entretien : tuteurez la plante. Pincez les tiges à 15-20 cm pour encourager la formation de bourgeons latéraux. Supprimez les fleurs fanées. Arrosez par temps sec.
Utilisations : les pétales ont une saveur balsamique. Ajoutez-les aux vinaigrettes, aux légumes cuits et aux gratins de légumes. Les feuilles et les fleurs se consomment en légume et dans la soupe. Mais ôtez le pédoncule ! C. spatiosum a une saveur particulière, plus relevée, intéressante pour les viandes. Les graines germées sont riches et bienfaisantes en hiver. Les fleurs du chrysanthème de Chine (C. indicum) faisaient partie des ingrédients d'un élixir d'immortalité taoïste.

Dahlia
Dahlia 'Dutch Triumph', 'Jocondo' et 'Todira',
composées
Plante tubéreuse de 1,20 à 1,50 m, à fleurs géantes roses à centre jaune-pourpre ou grenat foncé, en été.
Plantation : à la mi-avril, dans un terreau enrichi, lourd, en situation ensoleillée et aérée. Formez une butte pour soutenir la croissance.
Entretien : coupez les fleurs fanées. Arrosez abondamment par temps chaud.
Utilisations : de saveur aromatique, la fleur est excellente dans une soupe, une sauce, une vinaigrette. Les pétales se cristallisent au sucre.

Impatiens
Impatiens hybrides,
balsaminacées
Plante annuelle ou vivace non rustique de 15 cm à jolies fleurs blanches, roses, carmin ou violettes, en été.
Plantation : installez les plantes en godets fin avril, début mai, après les gelées, dans une terre de jardin riche et fraîche, à mi-ombre.
Entretien : apprécie un arrosage régulier. Rentrez les vivaces avant les gelées.
Utilisations : « fleur salade » à mélanger aux salades vertes, comme le mesclun. Les feuilles de balsamine (I. balsamina) et de I. noli-tangere, ont une action antiseptique sur les plaies et les maladies de peau.

Lavande
Lavandula spica,
labiées
Voir p. 149.

Magnolia étoilé
Magnolia stellata,
magnoliacées
Arbuste à port compact, de 2 à 3 m, à feuilles caduques et fleurs odorantes en étoile, blanches, en mars-avril.
Plantation : en mars-avril, dans une terre de jardin bien drainée, profonde, à l'abri des vents du nord et de l'est.
Entretien : remplacez la terre en surface avec du terreau de feuilles et de tourbe.
Utilisations : « fleur dessert » à utiliser en infusions, macérée dans le lait, les sirops, les alcools, l'eau, les tisanes. Hachez les pétales pour parfumer les pâtes à gâteaux.

Mahonia
Mahonia aquifolium,
berbéridacées
Arbuste rustique à feuillage persistant décoratif proche du houx, et grappes de fleurs jaunes, odorantes, en mars-avril. Hauteur : 0,90 à 1,50 m, étalement : 1,50 à 1,80 m.
Plantation : en avril-mai ou en septembre-octobre, dans une terre de jardin fraîche, au soleil ou à mi-ombre.
Entretien : peut se tailler chaque année.
Utilisations : la mahonia est une fleur à la saveur amère qui convient aux salades vertes et aux légumes doux et sucrés (laitue, carottes, brocolis, citrouille, patate douce, gratin de pomme de terre, champignons blancs...) ainsi qu'aux moutardes douces. Les racines soignent beaucoup de problèmes de peaux. Cette variété-ci serait un stimulant du foie et du système digestif.

Bégonia,
Begonia x tuberhybrida 'Jamboree'

Matricaire officinale
Tanacetum parthenium,
composées
Plante vivace de 60 cm à feuillage aromatique vert

moyen et fleurs estivales à pétales doubles, odorantes.
Plantation : dans une terre ordinaire de jardin. Plante des lieux incultes frais.
Entretien : plante de culture facile.
Utilisations : feuilles et fleurs parfument les apéritifs, les cocktails, les digestifs et les boissons rafraîchissantes. Les feuilles ingérées apaisent les spasmes. Les fleurs prises en infusion soignent les maux de tête et l'artrite. Elles ont également une action sédative.

Oxalis
*Oxalis adenophylla,
O. acetosella,*
oxalidacées
Plante vivace à rhizome formant une rosette de feuilles glauques et ondulées qui se fanent en hiver. Fleurs roses à long pédoncule, de mai à juillet. Hauteur : 5 à 10 cm, étalement : 15 cm.
Plantation : en mars ou en septembre, dans une terre de jardin enrichie de tourbe ou de terreau de feuilles, au soleil.

Entretien : divisez les rhizomes après la floraison.
Utilisations : fleurs et feuilles ornent et aromatisent les salades. Elles ont des effets astringents et diurétiques, font baisser la fièvre. Elles agissent efficacement contre les troubles urinaires, mais elles sont vivement déconseillées en cas de gastrite, de rhumatisme ou de goutte.

Pélargonium
Pelargonium crispum 'Angel', **géraniacées**
Plante vivace non rustique de 1 m à feuillage aromatique et fleurs roses ou blanches en été et en automne.
Plantation : fin mai, dans un sol sableux, au soleil.
Entretien : rentrez la plante avant l'hiver et maintenez une température de 7 à 10 °C ; réduisez les arrosages. Aérez le local par beau temps.
Utilisations : les feuilles de P. tomentosum à saveur de menthe, de P. graveoleus, de P. crispum à odeur balsamique servent dans la parfumerie et sont utilisés en cuisine : boissons chaudes, alcools, confitures, salades de fruits. Il existe un arôme culinaire.

Potentille blanche
Potentilla alba hybrides, **rosacées**
Plante vivace de 60 cm et plus, à feuilles divisées en cinq folioles et fleurs blanches en fin de printemps et début d'été.
Plantation : en octobre ou en mars, dans une terre de jardin ordinaire, bien drainée, ensoleillée. Plantez par beau temps.
Entretien : arrosez abondamment lors de la plantation et par temps sec.
Utilisations : de goût amer, la plante s'utilise dans les salades douces et avec les légumes un peu sucrés (carottes, brocolis, etc.). La potentille ansérine (P. anserina) a des fleurs jaunes aux vertus antiseptiques et astringentes ; les sommités florales arrêtent les saignements, calment les inflammations et agissent contre les dérangements intestinaux et les maux de gorge.

Rosier
Rosa 'Wenlock', **rosacées**
Rosier à bordure (hybride de thé), remontant, à beau feuillage sain et fleurs cramoisies à étamines jaunes. Hauteur : 1,20 m, étalement : 0,90 m.
Plantation : creusez le trou de plantation, mettez un peu de fumier décomposé au fond, pralinez les racines du rosier (plongez-les dans une préparation spéciale d'argile et d'éléments nutritifs achetée dans le commerce) et plantez-le. Les rosiers sont peu exigeants quant au sol mais redoutent le calcaire et les terres trop compactes.
Entretien : rosier puissant et robuste qui produit de très belles fleurs. Arrosez abondamment après la plantation et lors des périodes sèches. Taillez fin février, début mars.
Utilisations : le parfum des roses les destine aux desserts. Cueillez-les le matin, lorsqu'il fait encore frais ; cristallisez les pétales dans le sucre, faites-en des sirops, confitures, gelées, ou laissez-les infuser dans le lait pour des entremets et des glaces. Le sirop de rose adoucit la voix et aide à dissoudre les calculs rénaux. L'eau de rose est un tonique, un antirides pour la peau, un astringent et un cicatrisant. La poudre de pétales fortifie l'estomac, facilite la digestion et guérit les flux, les diarrhées et les hémorragies.

Tanaisie
Tanacetum vulgare, **composées**
Plante vivace rustique de 0,60 à 1 m formant une touffe de feuilles. Petites fleurs tubulées jaune d'or réunies en capitules entre juin et septembre.
Plantation : en mars, dans un sol meuble et bien drainé, au soleil.
Entretien : plante de culture facile.
Utilisations : plante à forte odeur balsamique. Cette « fleur condiment » au goût amer est utilisée dans les crèmes, les boissons, les liqueurs. La tanaisie a une action tonique, emménagogue, vermifuge. Toxique à haute dose.

Verveine officinale
Verbena officinalis, **verbénacées**
Plante vivace de 80 cm portant au milieu de l'été des épis denses de fleurs rose-lilas pâle.
Plantation : en avril-mai, dans un sol fertile et enrichi.
Entretien : pincez l'extrémité des pousses pour inciter la plante à se ramifier.
Utilisations : l'utilisation des plantes en infusion agit sur la déprime, sur le système nerveux et les troubles intestinaux. On relève aussi une éventuelle action antitumorale.

AROMATES ET CONDIMENTS

Aneth
Anethum graveolens, **ombellifères**
Plante herbacée annuelle à feuilles très fines vert bleuté, et fleurs minuscules en ombelles de 7 cm qui apparaissent de juin à août. Hauteur : 60 cm, étalement : 25 cm.
Plantation : en tout sol fertile, au soleil.

Gentiane, *Gentiana acaulis*

Entretien : maintenez le sol propre en pratiquant des binages et arrosez régulièrement.

Utilisations : feuilles et ombelles s'utilisent fraîches ou sèches pour aromatiser salades, saumon, légumes verts, haricots, pommes de terre, soupes, volailles, poissons et marinades. Les graines vertes servent d'aromate pour les cornichons à la russe.

Cerfeuil musqué
Myrrhis odorata, **ombellifères**
Plante vivace de 0,50 à 1,25 m à feuilles aromatiques ressemblant à des fougères et ombelles de petites fleurs blanches, au début de l'été.
Plantation : dans une terre de jardin riche et fraîche, tous les mois entre mars et août.
Entretien : au printemps ou en automne, divisez les touffes.
Utilisations : le cerfeuil musqué, autrefois cultivé comme herbe condimentaire, a le parfum de l'anis. Les fleurs sont aromatiques. Séchées, elles s'ajoutent aux salades de fruits et aux liqueurs. En infusion, la plante est un tonique général : elle combat l'anémie.

Ciboulette
Allium schoenoprasum,
liliacées
Plante de 30 cm à bulbe ovale formé de caïeux, portant de longues feuilles creuses et pointues, vert franc, et, en été, des ombelle de fleurs pourpre pâle sur une seule unique.
Plantation : en mars-avril, en sol drainé et frais.
Entretien : coupez régulièrement les feuilles pour soutenir la vigueur de la plante.
Utilisations : la ciboulette est un condiment bien connu pour relever salades, légumes, farces et autres préparations. Feuilles et fleurs aident à digérer et sont un peu laxatives.

Coriandre
Coriandrum sativum,
ombellifères
Plante annuelle de 50 cm fortement aromatique à feuilles très divisées, fleurs blanches estivales et fruits ronds au goût épicé.
Plantation : semez les graines en mars-avril ou en août-septembre, en sol léger et bien drainé, de préférence calcaire.
Entretien : binez régulièrement pendant la période de croissance. Récoltez les graines avant complète maturité.
Utilisations : aromate bien connu, très utilisé dans la cuisine asiatique, qui se consomme frais ou séché. Associez-le frais à l'ail, à l'huile d'olive, au gingembre, aux tomates, aux pâtes, aux sauces et aux tagines de viande et de légumes. Les fruits, utilisés en Égypte comme aphrodisiaque, sont un peu narcotiques et soulagent les migraines.

Fenouil
Foeniculum vulgare,
ombellifères
Plante vivace rustique élégante et légère, de 0,50 à 2,50 m, portant de juillet jusqu'en octobre des ombelles de fleurs jaune d'or.
Plantation : en terrain sec, au soleil, à 30-40 cm d'intervalle.
Entretien : plante facile à cultiver.
Utilisations : plante médicinale et condimentaire, odorante, à saveur forte et sucrée, anisée. Fraîches et séchées, les fleurs aromatisent pains, curries, tartes aux pommes, sauces et farces de poissons, fruits de mer et salades. L'infusion de graines régule les menstruations. Les feuilles stimulent la mémoire. Le fenouil restaurerait un foie gâté par l'alcool. L'huile essentielle s'utilise pour un massage tonique. L'essence de fenouil est fortement déconseillée chez les épileptiques et les enfants.

Marjolaine sauvage
Origanum vulgare,
labiées
Plante vivace rustique de 30 cm à petites feuilles au goût piquant et petites fleurs tubulées roses, en juillet.
Plantation : dans une terre de jardin bien drainée, ensoleillée, à intervalles de 30 cm. Plante adaptée aux bordures et rocailles.

Pensée, *Viola x wittrockiana* 'Charme de Mars', violet pourpré

Entretien : protégez l'hiver avec un paillis de tourbe, de terreau ou de feuillages.
Utilisations : les sommités fleuries parfument les boissons froides, les ragoûts de viande, les sautés de légumes, mais aussi la bière et le thé (par macération), le miel, les gelées.

Romarin
Rosmarinus officinalis,
labiées
Arbuste de 2 m au maximum à feuillage persistant et fleurs d'un bleu délicat, au printemps. Plante mellifère.
Plantation : en mars-avril ou en automne, dans une terre bien drainée, en situation abritée, au soleil. Craint l'humidité stagnante.
Entretien : maintenez le sol propre par des désherbages et coupez les branches mortes au printemps.
Utilisations : aromate à saveur camphrée qui parfume grillades, sauces tomates, sautés et blanquettes de veau, gibiers et légumes (aubergines, épis de maïs, pois chiches, patates douces). Le produit de la distillation des fleurs est un tonique nerveux. Il calme les douleurs musculaires, agit sur la circulation et sur les mycoses, et aide à lutter contre les bactéries.

Roquette
Eruca vesicaria sativa,
brassicacées
Plante annuelle basse à feuilles variables, un peu épaisses et oblongues à la base des tiges, produisant des fleurs crème veinées de pourpre, de la fin du printemps à l'automne.
Plantation : semez les graines de mars à août, dans une terre ordinaire de jardin.
Entretien : arrosez par temps sec pour récolter des feuilles plus tendres et retarder la montée des graines.
Utilisations : feuilles à saveur piquante et rafraîchissante. Dégustez-les, jeunes, en salade. Croquez les fleurs fraîches comme condiment ou parfumez-en salades, vinaigrettes et sauces au fromage blanc.

Sauge
Salvia sinaloensis,
labiées
Plante vivace basse de 30 à 40 cm. Fleurs bleu foncé sur de longues tiges, de juin à octobre.
Plantation : en pot, en jardinière, ou en pleine terre au jardin, au soleil.
Entretien : arrosez souvent mais modérément. Récoltez les fleurs en juin et faites-les sécher au soleil.
Utilisations : plante mellifère, dont le feuillage dégage au froissement une odeur de citron. Délicieuse macérée dans les liqueurs, les eaux parfumées, les tisanes. La plante est tonique, diurétique, spasmodique et stomachique. À consommer avec modération surtout pendant une grossesse.

Thym citronnelle
Thymus x *citriodorus variegatus*,
labiées
Arbuste nain de 30 cm à feuillage persistant argenté ou doré et fleurs plus grandes que celles du thym (*T. vulgaris*).
Plantation : en mars-avril, dans une terre de jardin bien drainée, ensoleillée, à 25-30 cm d'intervalle.
Entretien : renouvelez les touffes tous les 3 ou 4 ans.
Utilisations : feuilles et fleurs donnent une saveur citronnée aux viandes, tourtes de légumes, carpaccio, bouillons, tisanes. Le thym et ses variétés ont une action antiseptique reconnue et favorisent une bonne digestion. Toniques efficaces, ils agissent sur la dépression, les rhumes et les douleurs musculaires.

fantaisie en blanc sur le toit

En une nuit
A l'insu des vivants et des morts
S'ouvre la terre au Désir

Une, deux trois
Mille, dix mille...
Implosion : fleurs !
Explosions ; fleurs !

Myriades de fleurs
Aux rendez - vous du visible,
Miroirs aux miroirs tendus
Présences aux présences
Révélées

Situé entre ciel et terre, ce jardin, au printemps, est une invitation à la contemplation et à la méditation.

Dans ce jardin, le parti pris du blanc est une invitation à rêver au clair de lune, sous les étoiles. Si vous avez la chance de posséder un espace entre terre et ciel, l'occasion est trop belle d'en faire un écrin de verdure et de senteurs où il fera bon méditer, lire ou se reposer. À chacun son paradis ! Un espace comme celui-ci, avec ses deux colonnes campées de part et d'autre d'un banc assez massif, mais bien placé pour découvrir les toits de Paris et les monuments proches, nous conduit insensiblement à concevoir un jardin en vert et blanc, apaisant et frais. Jeux d'ombres, éclats de lumière argentée s'ajoutent au charme et à la diversité des formes de fleurs, créant un cadre raffiné. Sur le sol de gravier blanc, un tapis et des coussins apportent une note sensuelle et colorée, comme un appel au farniente et à la détente, à l'heure où le soleil se fait moins ardent et la lumière plus douce...

comment créer ce jardin ?

Comment créer ce jardin ?

Le premier point à prendre en considération est la capacité portante du toit. Renseignez-vous auprès de votre syndic car il doit pouvoir supporter le poids d'une vingtaine de pots, plusieurs jardinières, bacs et vasques, remplis de terre. Attention à l'humidité lors des arrosages. Si vous décidez d'installer une pelouse, prévoyez une protection pour éviter les infiltrations d'eau. La meilleure solution est de réaliser un revêtement bitumé, puis de poser une couche de feutre avant l'implantation de la pelouse. Le bitume est doux d'aspect et silencieux ; vous pourrez le teinter en vert sombre, seule couleur possible, ou le dissimuler en partie avec un tapis, une natte, du sable fin ou du gravier. Il existe aussi des moquettes en fibres artificielles, entièrement imputrescibles et inusables ; le teck – imputrescible –, naturel ou peint, constitue la formule la plus élégante, mais aussi la plus coûteuse. Ici, nous avons opté pour un lit de petits gravillons très clairs qui convient à la dominante des verts et au raffinement des fleurs blanches.

Jardinières, pots et accessoires

Choisissez des matériaux en accord avec l'environnement et convenant au climat de votre région : il faut savoir que la terre cuite gèle et se désagrège à partir de -8 °C ; seules les poteries de Thaïlande résistent au gel. Ici, nous avons opté pour des jardinières et des pots en Fibrociment,

L'Hibiscus syriacus est une « fleur dessert » décorative et légèrement sucrée.

Les pensées, Viola x wittrockiana, hybride à fleurs blanches décorent très joliment les salades, auxquelles elles ajoutent leur saveur douce.

Le mélange terreux

Pour planter ce toit-terrasse, nous avons utilisé un mélange de terre de jardin (douze sacs de 50 litres) et de terreau (six sacs de 50 litres) que l'on trouve dans les jardineries. Aucune plante ne nécessite une terre acide, excepté la bruyère pour laquelle il faut un sac de 10 litres de terre de bruyère. Il faut par ailleurs toujours prévoir une petite réserve de terreau pour faire face à une plantation imprévue ou à un petit travail de remise en état.

Avant de remplir les pots et les vasques de terre, disposez-les dans l'espace du jardin ; déposez au fond de chaque pot une couche de gravillons de 5 cm environ pour assurer le drainage de l'eau. Remplissez de terre jusqu'au tiers de la hauteur du pot. Vous ajouterez le reste après la mise en place des plantes.

QUELLES FLEURS CHOISIR ?

Quelles fleurs et arbustes planter sur ce toit ? Avant tout, ne choisissez pas des plantes trop hautes. Prenez en compte la capacité d'accueil de votre ascenseur et l'étroitesse éventuelle de votre escalier ou de l'accès à la terrasse. Choisissez des plantes de taille moyenne, pas trop lourdes à porter. Beaucoup de végétaux ont une croissance rapide et vous obtiendrez satisfaction très rapidement.

Achetez les petites plantes en godets et mettez-les en place dès la fin des gelées.

un matériau assez résistant, teintés en blanc. Pour réussir une composition en pot, il faut prévoir au moins trois formes et dimensions différentes qui s'agencent harmonieusement. Glissez sous chaque pot ou vasque une soucoupe pour recueillir l'eau des arrosages.

Les rosiers cultivés en pots, vasques et autres bacs donnent de très bons résultats si les contenants ont au moins 40 cm de diamètre et 25 cm de profondeur. Vérifiez qu'ils sont pourvus d'un trou de drainage. La jardinière doit être choisie dans le même matériau que celui des pots.

Si les plantes cultivées en bacs ou en jardinières apprécient le soleil (mais pas ses brûlures), l'air et l'eau, elles détestent la poussière et les vents desséchants, plus fortement ressentis sur les toits. Vous devrez en tenir compte. Certains arbustes et rosiers devront être attachés à la rambarde et il vous faudra renoncer aux sujets trop hauts (arbres) qui favorisent une prise au vent. Soumise à l'action du vent et du soleil, la terre des pots a également tendance à se dessécher et nécessite des arrosages réguliers. Pendant les fortes chaleurs, arrosez tôt chaque matin ou à la tombée du jour.

Pensez à installer un arrrosage automatique, fort utile pendant les vacances estivales.

Un écran de verdure

• Un bambou au feuillage léger et persistant d'une hauteur de 2 m clôt l'espace. Il dissimule un obstacle incontournable (un équipement technique inesthétique) tout en apportant une note exotique. Le grenadier et l'olivier fleurent bon la Méditerranée tandis que le tamaris au feuillage gracieux apporte sa légèreté et son raffinement gris argenté sur le vert des autres feuillages.

• Au fond, en perspective, une vigne au pied tourmenté donne des raisins noirs ; elle va grimper et courir, aussi fixez-la dès le départ pour la maintenir. Sa silhouette évoquant une sculpture enchantera votre œil tout au long de l'année.

• Pour garnir les colonnes et le haut du mur, une glycine aux fleurs blanches entrelace ses lianes volubiles aux feuilles du lierre et rejoint un noisetier 'Contorta'. Planté au pied de la deuxième colonne, un jasmin complète ce joli mélange ; il offrira ses fleurs blanches dès le mois de mai.

Seringat, Philadelphus microphyllus 'Belle Étoile'. Cristallisez les fleurs pour en décorer vos gâteaux au chocolat.

Double page suivante : L'été, ce jardin évoque une île près du ciel, où les fleurs, reines de la terre, sont les uniques seigneurs des lieux.

quelles fleurs choisir ?

Les plantations de printemps

• Les arbustes et les rosiers fleurissent la haie qui délimite la lisière du toit. Ils sont associés aux arbustes d'ornement qui forment l'écran : seringats *Philadelphus coronarius* et *P.* 'Virginal' ; rosiers 'Mme Alfred Carrière' aux senteurs exquises, 'Vierge folle' de Delbard, remontant aux fleurs blanches groupées, et 'Iceberg' aux belles roses virginales et harmonieuses.

• Au premier plan dans les jardinières, les deutzias épanouissent leurs fleurs blanc rosé.

• Au pied des arbustes, les fleurs vivaces, comme les pensées, complètent le décor. Les plus grandes constituent la composition des jardinières. Une fois implantées, elles refleuriront chaque année. À l'automne, éliminez régulièrement les tiges et les fleurs fanées ; n'oubliez pas de mettre une étiquette portant le nom de la plante, car tiges et feuilles peuvent disparaître pendant l'hiver.

La forte odeur du pélargonium P. hortorum le classe parmi les condiments

Ci-dessous : Rabattez les tiges de la lavatère à l'automne pour lui conserver un volume gracieux.

Les fleurs de l'été

• En début de saison, le deutzia est déplacé au profit d'une lavatère, *Lavatera* 'The Barnsley', aux gracieuses fleurs blanc rosé marquées au cœur d'une touche de rose plus soutenu. Elle fleurira tout l'été.

Nous avons utilisé ici : 5 anthémis, à protéger l'hiver ; 5 asters ; 5 campanules naines blanches ; 7 chrysanthèmes ; 3 dahlias ; 5 lis *Lilium regale album* blancs et 5 lis 'Élégantissima' ; 10 œillets de rocaille ; 3 pavots à fleurs blanches ornées d'étamines jaunes d'or ; 2 pivoines *Paeonia officinalis*, à fleurs blanches ; 3 violettes odorantes ; 4 verveines.

• Vendues chez les horticulteurs au printemps, les annuelles peuvent être installées dès que les gelées matinales ne sont plus à craindre, en mars-avril. Dans ce jardin, elles fleurissent le bord des jardinières. On voit ici : 5 pétunias ; 7 verveines à fleurs blanches ; 7 *Begonia gracilis* ; 10 géraniums aux fleurs d'un blanc très pur (vous pourrez les conserver en pot dans votre appartement) ; 10 impatiens blancs.

Quant aux pois grimpants *Pisum sativum* 'Téléphone', n'attendez pas qu'il produisent leurs savoureuses gousses : pensez à associer les fleurs à vos salades de légumes.

• Pour compléter ce jardin odorant, plantez des aromates (ici, fenouil, verveine citronnelle et persil simple), 2 asparagus et 2 petits lierres.

Avant l'hiver, taillez-la sévèrement à 40 cm de hauteur. Plantés au pied de cet arbuste, trois petits gardénias aux suaves senteurs. Leur feuillage vert foncé, brillant, s'accorde avec celui, plus mat et gris-vert, de la lavatère. Le fenouil, des primevères et un asparagus aérien complètent le décor.

• Dans la jardinière au premier plan, deux hibiscus à fleurs beige orangé côtoient un rosier à fleurs blanches turbinées, 'Poker ® Meipazdia'. Au cœur des roses aux pétales satinés, on devine un bouquet

« C'est de leur pure candeur que l'aube est illuminée par les fleurs, même si après l'automne, tout finira par sombrer dans la nuit sans matinée. » (Cao Xueqin, Rêve dans le pavillon rouge.)

d'étamines dorées. Le parfum de cette rose, sucré, un peu poivré, s'accorde avec celui du pélargonium au feuillage odorant 'Unique Sweet Mimosa'.
• La vasque accueille un géranium vivace et un érigéron (décoratif mais sans grand intérêt gustatif pour la cuisine) ; cosmos et pétunias à fleurs blanches complètent les végétaux du printemps.
• Pour garnir les pots, nous avons choisi quatre géraniums à fleurs blanches, des œillets blancs de rocaille odorants, des violettes odorantes, un petit lierre, un rosier Snow Meillandina 'Megovin',

quelles fleurs choisir ?

La racine séchée de l'orpin Sedum roseum *sent la rose. Les variétés actuelles sont moins odorantes.*

arbuste miniature à fleurs blanches, et l'indispensable asparagus (non comestible) pour donner de la légèreté aux fleurs rigides des œillets.

Vasque d'automne
• Au premier plan, l'érigéron offre ses gracieuses fleurs évoquant des pâquerettes ; il voisine avec des dahlias, des chrysanthèmes nains aux fleurs blanches, encore fleuris depuis l'été, un pavot d'Islande et un orpin remarquable à fleurs roses.
• À l'arrière-plan, aux côtés d'une potentille à fleurs blanches, trois bruyères s'imposent avec éclat : une bruyère haute *Erica cinerea* comme celles que l'on trouve en Sologne, une *Erica mediterranea*, et une *Erica gracilis*, très florifère. En leur compagnie, une rare capucine à fleurs blanc-crème.
• Au fond de la scène, cep de vigne, glycine de Chine et bambou restent toute l'année, accompagnés d'un asparagus planté dans la jardinière.

Crème aux fleurs de brocolis et de capucines

pour 6 personnes
préparation : 20 minutes
cuisson : 25 minutes

1 bouquet de brocoli
15 capucines
1 gros oignon
125 g de crème fraîche allégée
1 jaune d'œuf
1 pincée de graines de fenugrec
piment en poudre
1 fougasse aux olives
sel et poivre rose concassé

1 *Lavez et coupez le brocoli en petits morceaux. Lavez et égouttez les fleurs.*
2 *Épluchez et émincez l'oignon.*
3 *Faites chauffer 1,5 litre d'eau. Salez et poivrez. Plongez le brocoli, l'oignon et la moitié des fleurs dans l'eau bouillante, ajoutez une pincée de graines de fenugrec et un peu de piment en poudre. Laissez cuire pendant 15 minutes.*
4 *Faites chauffer la crème fraîche, sans la laisser bouillir, à feu doux, tout en la battant au fouet. Salez et poivrez.*
5 *Versez la crème chaude sur le jaune d'œuf en remuant vivement à l'aide d'une cuiller en bois. Ajoutez-la à la soupe. Vérifiez l'assaisonnement.*
6 *Égayez la surface très verte de la soupe avec le reste des fleurs.*
7 *Servez la soupe accompagnée de tranches de fougasse aux olives.*

Morilles au jus de chrysanthème

pour 6 personnes
préparation : 20 minutes
cuisson : 25 minutes

4 fleurs de chrysanthème blanc
et 2 petites feuilles
800 g de morilles
80 g de fromage blanc battu
1 tasse à café de crème fleurette
1 cube de concentré de volaille
(ou un reste de bouillon de poule)
80 g de beurre salé
1 citron
1 cuillerée à café de graines de sésame
sel de mer de Guérande
trois poivres moulus

1 *Lavez les fleurs et égouttez-les. Lavez les feuilles et hachez-les. Détachez les pétales de fleur. Réservez quelques pétales pour la sauce.*
2 *Coupez les extrémités des pieds de morilles. Rincez-les et égouttez-les avec précaution pour ne pas les abîmer.*
3 *Faites fondre le beurre dans une poêle, ajoutez les morilles, salez-les et poivrez-les. Pressez le citron et versez le jus dans la poêle. Répartissez la moitié des pétales de chrysanthème, mélangez bien et couvrez la poêle. Laissez cuire doucement pendant 25 minutes.*
4 *Faites dissoudre le concentré de volaille dans un peu d'eau chaude.*
5 *Au terme de la cuisson des morilles, retirez la poêle du feu et incorporez la crème fleurette et le fromage blanc. Ajoutez le concentré de volaille. Goûter et corrigez l'assaisonnement. Ajoutez les graines de sésame et le hachis de feuilles de chrysanthème mélangé au reste des pétales de fleur.*

Vinaigre d'automne

pour 6 à 8 personnes
préparation : 10 minutes
macération : 1 mois

3 fleurs de dahlia pompon
pétales de chrysanthème
d'automne bordeaux
1 capucine
2 petits oignons
1 feuille de laurier
1 branche de thym
4 raisins secs
1 litre de vinaigre d'alcool non coloré

*1 Lavez les fleurs et éliminez les tiges.
Lavez la feuille de laurier et le thym.
2 Pelez les oignons et coupez-les en deux.
3 Mettez tous les ingrédients dans une
bouteille et remplissez de vinaigre d'alcool.
Fermez hermétiquement la bouteille.
4 Laissez macérer pendant 1 mois.
5 Filtrez le vinaigre avant de le consommer.*

Œufs pochés à la chinoise

pour 6 personnes
préparation : 35 minutes
trempage : 30 minutes
cuisson : 10 minutes

1 fleur de dahlia blanc
6 œufs
2 citrons
2 tranches de jambon blanc
1 petit bol de champignons noirs chinois
1 laitue
1 cuillerée à soupe d'huile d'arachide
piment rouge en poudre
1 petit bouquet de cerfeuil
1 cuillerée à soupe de vinaigre
poivre rose concassé
sel fin et gros sel gris de mer

*1 Lavez la fleur et détachez les pétales ; réservez-les.
2 Faites tremper les champignons dans de l'eau chaude
salée pendant 30 minutes.
3 Lavez le cerfeuil et hachez-le. Lavez les feuilles de laitue
et coupez le cœur en lamelles.
4 Portez à ébullition 1 litre d'eau avec une cuillerée
à soupe de gros sel gris et le jus d'un citron.
5 Garnissez le plat de service avec les feuilles vertes
de la laitue. Aspergez les feuilles avec le jus d'un citron
et salez légèrement.
6 Coupez en petits morceaux le jambon.
7 Égouttez les champignons, coupez-les en lamelles
et faites-les revenir à la poêle dans l'huile. Ajoutez
le jambon, le cerfeuil et la moitié des pétales de fleur.
8 Cassez les œufs l'un après l'autre dans une tasse
et faites-les glisser dans l'eau bouillante citronnée. Retirez
la casserole du feu et laissez les œufs pocher pendant
3 minutes. À l'aide d'une écumoire, retirez-les de l'eau.
9 Déposez les œufs sur le lit de laitue. Poudrez un peu
de piment sur les œufs. Poivrez, dispersez le reste
des pétales de fleur et les lamelles de laitue.
Disposez autour la préparation aux champignons noirs
et au jambon. Aspergez avec le vinaigre d'automne.*

Mousse à la mangue, mariée au lis

pour 6 personnes
préparation : 40 minutes
refroidissement : 6 heures

12 fleurs de lis blanc odorant
3 mangues très mûres
1 citron vert
6 feuilles de menthe
150 g de sucre en poudre
4 jaunes d'œufs
2 blancs d'œufs

1 Lavez les fleurs de lis, éliminez les pédoncules. Mixez six fleurs sans leurs étamines.
2 Pelez les mangues, coupez la chair en lamelles. Réservez quelques petits morceaux réguliers pour la décoration. Mixez la chair.
3 Pressez le citron.
4 Mélangez les jaunes d'œufs avec le sucre, le jus de citron, la pulpe de lis et de mangue. Battez en neige les blancs d'œufs et ajoutez-les à la crème. Mettez au réfrigérateur pendant au moins 6 heures.
5 Disposez des coupes de cristal sur la table ; agencez une fleur de lis dans chaque coupe. Remplissez chaque fleur de mousse glacée. Décorez chaque coupe avec une feuille de menthe et des petits morceaux de mangue.

Oranges givrées au jasmin

pour 6 personnes
préparation : 35 minutes
cuisson : 8 minutes
givrage : 2 heures

30 gouttes d'arôme de jasmin
(ou jasmin en fleur)
6 oranges
1 litre de lait entier
4 jaunes d'œufs
75 g de sucre en poudre
+ 1 cuillerée à soupe pour l'écorce des fruits
150 g de crème Chantilly en bombe

1 Coupez le haut des oranges pour former un chapeau. Ôtez la chair du fruit.
2 Aromatisez la pulpe avec dix gouttes d'arôme de jasmin. Sucrez. Réservez.
3 Portez le lait à ébullition. Dans une jatte, battez au fouet les jaunes d'œufs avec le sucre. Ajoutez le lait bouillant en tournant vivement. Versez la crème dans une casserole et laissez-la cuire à feu doux pendant 6 à 8 minutes en remuant sans arrêt. Laissez refroidir la crème.
4 Mixez la pulpe des oranges.
5 Lorsque la crème est refroidie, ajoutez vingt gouttes d'arôme de jasmin, la crème Chantilly, puis la pulpe d'orange.
6 Sucrez l'intérieur des oranges et remplissez-les de crème. Placez les chapeaux.
7 Mettez les oranges au congélateur pendant 2 heures.

Milk-shake de neige

pour 2 personnes
macération : 2 heures
préparation : 20 minutes

les pétales d'un dahlia blanc
1/2 litre de lait écrémé
1 banane bien mûre
1 gousse de vanille
1 cuillerée à soupe rase de sucre glace
2 feuilles de menthe
pétales de dahlia blanc cristallisés

1 *Lavez les pétales de fleur et mettez-les dans le lait tiède avec la vanille et deux feuilles de menthe ; laissez macérer pendant 2 heures.*
2 *Écrasez la pulpe de banane et réduisez-la en purée.*
3 *Filtrez le lait et sucrez-le. Versez-le dans un shaker et ajoutez la pulpe de banane. Vissez le couvercle et agitez vigoureusement pendant quelques minutes.*
4 *Servez le lait dans de grands verres transparents. Posez sur chaque verre des pétales de dahlia cristallisés (voir recette p. 24).*

Variante avec les fleurs fraîches
Mettez à macérer 10 fleurs de jasmin dans 1 litre de lait chaud pendant 30 minutes, puis filtrez le lait.

Thé glacé à l'œillet

pour 6 personnes
préparation : 8 minutes
infusion : 8 minutes
réfrigération : 30 minutes

3 fleurs d'œillet parfumé
3 cuillerées à café de thé Earl Grey
1 litre d'eau de source

1 *Séparez les pétales d'œillets du capitule.*
2 *Portez l'eau de source à ébullition.*
3 *Rincez votre théière à l'eau chaude. Déposez dans le filtre le thé et les pétales de 2 œillets. Versez l'eau frémissante. Laissez infuser pendant 8 minutes.*
4 *Filtrez et mettez le thé au froid.*
5 *Réalisez des glaçons fleuris en mettant le reste de pétales dans l'eau de chaque glaçon avant de placer au freezer. Servez le thé bien froid accompagné des glaçons fleuris.*

les plantes sur le toit

Fleurs de printemps

Deutzia
Deutzia x elegantissima, **saxifragacées**
Arbuste de 1,20 à 1,50 m à branches arquées et fleurs parfumées en forme d'étoile rose pâle, groupées en panicules, en mai-juin.
Plantation : d'octobre à février, dans un sol frais, au soleil. Craint le vent froid du nord.
Entretien : supprimez en juillet les vieux rameaux.
Utilisations : *le parfum léger des fleurs les destine aux salades de fruits.*

Glycine
Wisteria venusta, **légumineuses**
Liane vigoureuse, originaire du Japon, pouvant atteindre 10 m. En fin de printemps, fleurs blanc violacé, en grappes de 10 à 15 cm de long.
Plantation, entretien et utilisations : voir Glycine, *Wisteria*, p. 147.

Jasmin
Jasminum officinalis, **oléacées**
Liane vigoureuse généralement rustique, pouvant atteindre 12 m, à feuilles vert franc caduques. Fleurs très odorantes, d'un blanc pur, de l'été au début de l'automne.
Plantation, entretien et utilisations : voir Jasmin, *Jasminum polyanthum*.

Jasmin
Jasminum polyanthum, **oléacées**
Liane vigoureuse originaire de Chine, de 2 à 4 m, semi-rustique, à feuillage semi-persistant. D'avril à juin au jardin, de novembre à avril en serre, fleurs blanches et roses très parfumées.

Seringat, *Philadephus coronarius P.* 'Virginal'

Plantation : en avril ou mai en terre ordinaire, bien drainée, à l'abri et au soleil
Entretien : craint les fortes gelées. Arrosez beaucoup en été et vaporisez le feuillage. Palissez les branches.
Utilisations : *fleur au riche parfum, lourd, suave, sucré, très intense, très utilisée en parfumerie. « Fleurs-dessert » en cuisine, à mélanger fraîches à une salade d'orange, de melon ou d'autres fruits avec un peu de cannelle. Faites-les aussi infuser dans de l'eau ou du lait, ou mélangez-les, fraîches ou séchées, dans le sucre pour le parfumer.*

Le jasmin infusé donne une lotion utilisée en Asie du Sud-Est pour le soin des yeux. Les Chinois parfument leur thé avec les fleurs séchées. L'huile essentielle a des effets relaxants et anti-dépressifs. Elle est également, ainsi que la lotion, bénéfique aux peaux sèches.

Lis
Lilium longiflorum, **liliacées**
Plante bulbeuse originaire du Japon pouvant atteindre 1 m, à feuilles lancéolées vert foncé. Des fleurs de 12 à 20 cm de long, en trompette, blanches, odorantes et à étamines dorées, apparaissent à la fin du printemps.
Plantation, entretien et utilisations : voir Lis blanc, *Lilium regale*, p. 107.

Menthe
Mentha suaveolens 'Variegata', **labiées**
Voir p. 45.

Pavot
Papaver alpinum sendtneri, *P. nudicaule*, **papavéracées**
Plante vivace éphémère à fleurs blanches, parfumées et à étamines jaunes, en fin de printemps. Les fleurs ont une saveur fumée particulière.
Plantation, entretien et utilisations : voir Pavot des Alpes, *Papaver alpinum sendtneri*, p. 45.

Pivoine de Chine
Paeonia lactiflora, **paeoniacées**
Voir p. 46.

Rosier
Rosa 'Iceberg', **rosacées**
Rosier buisson atteignant 0,80 à 2 m. Fleurs doubles d'un blanc virginal, au parfum léger et très frais.
Plantation : voir Rosier, *Rosa* 'Cocktail', p. 47.
Entretien : coupez les roses fanées pour aider la floraison.
Utilisations : *les pétales se cristallisent ou s'ajoutent aux salades vertes. Un lait au sirop de rose ou l'infusion de pétales calme et apaise. L'eau de rose est astringente pour la peau.*

Rosier
Rosa 'Mme Alfred Carrière', **rosacées**
Rosier buisson atteignant 1 m à grosses fleurs blanches parfumées.
Plantation et entretien : voir Rosier, *Rosa* 'Cocktail', p. 47.

Utilisations : les pétales sont cristallisés ou séchés puis réduits en poudre. Ils s'utilisent pour réaliser sirops, eau de rose, confiture, gelée et sorbets.

Rosier
Rosa 'Sultane', **rosacées**
Voir p. 47.

Rosier
Rosa 'Vierge folle', **rosacées**
Rosier buisson de 70 cm à floraison remontante tout l'été. Fleurs groupées, semi-doubles, aux pétales blanc très pur et à cœur d'étamine or, parfumées, sur feuillage vert foncé brillant.
Plantation : voir Rosier, *Rosa* 'Cocktail', p. 47.
Entretien : craint les fortes pluies et les orages.
Utilisations : en salade uniquement.

Seringat
Philadelphus coronarius, *P.* 'Virginal', **saxifragacées**
Arbuste à feuillage vert tendre et fleurs blanches simples ou doubles au parfum intense rappelant celui de la fleur d'oranger, dès juin. Hauteur : 2,50 à 3 m,

Rosier, *Rosa* 'Vierge Folle'

étalement : 1,80 à 2,50 m, croissance moyenne.
Plantation : dans une terre ordinaire, calcaire, en automne ou en mars.
Entretien : arrosez régulièrement les jours qui suivent la plantation. Taillez si nécessaire à l'automne pour lui conserver une forme harmonieuse.
Utilisations : fleurs à senteur riche et sucrée idéale pour les desserts. Faites-les cristalliser et réservez-les pour le décor de vos gâteaux. Elles peuvent accompagner un thé, une infusion, ou aromatiser le lait, infusées dans le liquide chaud.

Violette odorante
Viola odorata, **violacées**
Plante vivace à rhizome de 10 à 15 cm à feuilles semi-persistantes et petites fleurs blanches ou bleu violacé parfumées entre février et avril.
Plantation : dans une bonne terre de jardin, à mi-ombre, espacées de 30 cm, entre septembre et mars.
Entretien : plante rustique facile à cultiver.
Utilisations : les fleurs parfument bonbons, confitures, gelées, sirop, œufs à la neige, et peuvent être cristallisées. Plante à action émolliente, expectorante, émétique, qui éclaircit aussi la voix des chanteurs d'opéra.

FLEURS D'ÉTÉ

Anthémis
Anthémis tinctoria 'Kelwayi alba', **composées**
Vivace herbacée éphémère de 75 cm à feuilles gris-vert moyen à lobes dentelés et fleurs de type marguerite en été.
Plantation : implantez au printemps dans une terre riche, à 35-40 cm d'intervalle.
Entretien : éliminez régulièrement les fleurs fanées et arrosez tout l'été. Taillez sévèrement après la floraison. Protégez du gel.
Utilisations : voir Anthémis *Anthemis punctata cupaniana*, p. 44.

Bégonia
Begonia semperflorens, **bégoniacées**
Plante annuelle de 15 à 20 cm, à fleurs d'un blanc pur entre juin et septembre
Plantation : par beau temps, entre septembre et mars, dans une terre de jardin bien drainée, allégée et enrichie par de la tourbe ou du terreau de feuillage, à mi-ombre.
Entretien : maintenez la fraîcheur du sol par des apports de compost et de tourbe.
Utilisations : voir Bégonia, *Begonia x tuberhybrida* 'Rosana', p. 151.

Campanule
Campanula cochleariifolia 'Alba', **campanulacées**
Plante vivace de 10 à 15 cm formant un tapis de feuilles vert moyen et dentelées. De juillet à septembre, fleurs en clochette de 1 cm de long, blanc pur. Cultivée en serre, la plante fleurit plus tôt.
Plantation, entretien et utilisations : voir Campanule des Carpates (*Campanula carpatica*), p. 46.

Campanule à feuilles rondes
Campanula rotundifolia 'Alba', **campanulacées**
Plante vivace de rocaille, de massif ou de jardinière, de 15 cm, à fleurs blanches en clochettes en été.
Plantation, entretien et utilisations : voir Campanule, *Campanula carpatica*, p. 46.

Anthémis, *A. tinctoria* 'Kelwayi alba'

Capucine
Tropaeolum, **tropaeolacées**
Plante volubile annuelle portant des fleurs blanches, jaunes, orange ou rouges, de la fin du printemps aux premières gelées.

Cette plante se cultive dans les Andes depuis 8 000 ans.
Plantation, entretien et utilisations : Voir Capucine, *Tropaeolum majus*, p. 67.

Géranium des balcons
Pelargonium zonale, *P. x hortorum* 'Blancafour', **géraniacées**
Sous-arbrisseau non rustique portant des fleurs d'un blanc pur en été.
Plantation : dans une terre riche, bien drainée, à exposition ensoleillée.
Entretien : éliminez régulièrement les fleurs fanées. Plante gélive, à rentrer l'hiver si vous souhaitez la préserver.
Utilisations : plante à odeur forte et usages condimentaires. Écrasez une feuille dans une vinaigrette et mélangez 2 à 3 fleurs dans la salade.

Impatiens
Impatiens 'Holstii', balsaminacées
Plante annuelle de 15 à 20 cm à fleurs blanches en été.
Plantation, entretien et utilisations : voir Impatiens, *Impatiens* hybrides, p. 67.

Jasmin officinal
Jasminum officinale 'Alba', oléacées
Plante grimpante vigoureuse pouvant atteindre 12 m à fleurs tubulaires d'un blanc pur, parfumées, de juin jusqu'à l'automne. Feuillage caduc au jardin, persistant à l'abri.
Plantation : en avril ou mai, à exposition chaude, au soleil, en terre fertile et bien drainée.
Entretien : arrosez beaucoup en période de sécheresse. Chaque année, enrichissez la terre.
Utilisations : saveur idéale avec les oranges et les pêches, ou dans le thé. L'huile essentielle est relaxante et agit comme antidépresseur.

Œillet de rocaille
Dianthus arvernensis, caryophyllacées
Espèce vivace de petite taille (15 cm), à port compact, très florifère et parfumée.
Plantation, entretien et utilisations : voir Œillet de Chine, *Dianthus chinensis* 'Fire Ball', p. 149.

Pélargonium odorant
Pelargonium zonale 'Blancafour', *P. tomentosum*, géraniacées
Sous-arbrisseau non rustique de 30 à 60 cm formant un coussin de feuilles. Fleurs en ombelles d'un blanc pur, de juin à septembre.
Plantation : fin mai, dans un compost très riche, au soleil, en pot ou en massif.

Bégonia, *Begonia semperflorens*

Entretien : rentrez la plante avant l'hiver, maintenez une température de 7 à 10 °C ; réduisez les arrosages. Aérez le local par beau temps. En été, arrosez abondamment.
Utilisations : fleurs et feuilles sont utilisées en condiments mais leur saveur est un peu forte. Écrasez une feuille dans la vinaigrette : les fleurs décoreront

la salade. L'arôme culinaire de *P. tomentosum* offre une saveur de rose et de menthe pour les desserts (crèmes, glaces, sorbets) et les boissons. Les fleurs et les feuilles séchées se préparent en infusion. Ce pélargonium est un bon remontant qui agit contre la dépression, soigne les mycoses, a une action antiseptique.

Pétunia
Petunia 'Cascade blanche', solanacées
Plante herbacée annuelle à longues tiges retombantes. Hybride à grandes fleurs, de 8 à 10 cm de diamètre, de juin aux premières gelées.
Plantation : en mai, dans une terre riche et bien drainée, au soleil.
Entretien : plante résistante aux intempéries. Pour faire croître en pot des pétunias qui fleuriront à partir de mai sous abri, transplantez les plantules dans un pot de 10 puis de 12 cm dans un compost riche, à une température de 15 °C.
Utilisations : fleurs à senteur forte et piquante. Associez-les à des légumes cuits (courgettes, tomates) ou à d'autres aromates (thym, serpolet). Hachées, elles relèvent vinaigrettes et salades douces. Ôtez le pédoncule de la fleur.

Pois
Pisum sativum 'Téléphone' nain, légumineuses
Plante potagère annuelle, à fleurs blanches odorantes, en mars-avril, suivies de gousses comestibles.
Plantation : dans une terre de jardin riche, ameublie et bien drainée. Semez les pois en novembre, février ou mars. Tracez un sillon de 10 à 12 cm de large et de 5 à 6 cm de profondeur. Espacez les graines de 5 cm. Préfère un climat tempéré et un emplacement aéré.
Entretien : binez en surface quelques jours après la levée, puis 3 semaines plus tard.
Utilisations : fleurs à la saveur sucrée. Faites-les cuire en beignets, ou ajoutez-les dans un mesclun, une salade ou une mousse de légumes, ou du poisson blanc.

Verveine des jardins
Verbena x *hybrida* 'Compacta', verbénacées
Plante vivace cultivée en annuelle, de 20 à 30 cm, à feuilles vert vif et bouquets denses de fleurs d'un blanc pur, en été et automne.
Plantation : en avril-mai dans une terre de jardin fertile et enrichie régulièrement, en situation ensoleillée et aérée.

Entretien : pincez les pousses pour encourager la ramification. Coupez souvent les fleurs fanées. En période de sécheresse, arrosez beaucoup. Meurt dès les premières gelées.
Utilisations : la plante s'infuse dans tous les liquides, macère dans l'eau, le vin, l'alcool. La verveine officinale, estimée en pharmacopée, est antirhumatismale, digestive, apéritive et lutte contre les vertiges.

FLEURS D'AUTOMNE

Bruyère
Erica cinerea, éricacées
Petit arbuste rustique de 30 cm à feuilles vert foncé et fleurs blanches ou de divers coloris, de juin à fin octobre.
Plantation, entretien et utilisations : voir Bruyère, *Erica ciliaris*, p. 44.

Bruyère
Erica x *darleyensis*, *E. mediterranea*, éricacées
Hybrides horticoles de 60 cm à feuillage vert franc et fleurs de 8 à 15 cm de décembre à mai (dès l'automne lorsque les plantes sont forcées en serre).
Plantation, entretien et utilisations : voir Bruyère, *Erica ciliaris*, p. 44.

Jasmin officinale, *Jasminum officinalis* 'Alba'

Chrysanthème des fleuristes
Chrysanthemum type simple,
composées
Plante vivace de 30 cm à feuilles vert foncé. Fleurs blanches à pétales organisés autour d'un cœur d'étamines jaunes. Variété idéale pour les massifs et les potées.
Plantation, entretien et utilisations : voir Chrysanthème des fleursites, *Chrysanthemum* type simple 'Rebecca'.

Chrysanthème des fleuristes
Chrysanthemum type simple 'Rebecca',
composées
Plante vivace de 20 cm à feuilles vert foncé et fleurs blanc pur en automne.
Plantation : fin avril début mai, en terre fertile, enrichie régulièrement et bien drainée, en pot, en bac, en massif, à l'extérieur ou en appartement.
Entretien : couvrez la plante avant les premiers gels, avec de la paille. Dès le printemps, pincez les tiges à mi-hauteur pour favoriser la ramification. Coupez les fleurs fanées. Arrosez par temps sec. Tuteurez la plante si nécessaire.
Utilisations : tous les chrysanthèmes ont une saveur balsamique condimentaire douce et florale. Les fleurs des chrysanthèmes blancs et roses, lilas et parme soutenu, ou celles des variétés de couleur bordeaux, or, rouge, marron, s'utilisent comme condiments ou légumes. Ôtez le pédoncule. Associez les pétales aux vinaigrettes, potées de légumes, soupes. *C. spatiosum* a une saveur particulière, plus relevée, intéressante pour les viandes. Le chrysanthème de Chine (*C. indicum*) était un ingrédient d'un élixir d'immortalité.

Dahlia
Dahlia cultivar,
composées
Voir p. 151.

Dahlia
Dahlia hybride,
composées
Fleurs à collerette de pétales simples autour d'un fleuron d'étamines ou organisés avec un deuxième petit disque de pétales. Divers coloris : blanc, rouge ou jaune.
Plantation, entretien et utilisations : voir Dahlia, *D.* 'Marie Françoise', p. 150.

Érigéron
Erigeron karvinskianus,
composées
Plante herbacée vivace à feuilles vert mat et fleurs proches de petites marguerites, de fin juin à septembre-octobre. Idéale en bouquets ou pour garnir une vasque.
Plantation : en automne ou au printemps, dans un sol frais et humide, au soleil.
Entretien : à la fin de l'automne, rabattez les tiges au ras du sol.
Utilisations : plante plus décorative que savoureuse. Les pétales se consomment en salade et les fleurs macérées parfument le vinaigre.

Orpin remarquable
Sedum spectabile,
crassulacées
Plante vivace de 40 à 45 cm à feuillage vert glauque et fleurs roses de 8 à 10 cm de diamètre, de septembre à novembre. Se cultive en massif, en pot, ou dans une grande composition en vasque.
Plantation : entre octobre et avril, dans une terre ordinaire bien drainée, au soleil ou à mi-ombre.
Entretien : laissez les fleurs fanées sur la plante jusqu'au printemps.

Chrysanthèmes des fleuristes, *Chrysanthemum* type simple 'Rebecca'

Utilisations : fleurs et feuilles se consomment comme légume. Faites-les cuire à la vapeur, à l'eau ou au beurre avec d'autres légumes. Parsemez les petites fleurs sur les préparations. Les orpins blancs *S. album*, rose *S. roseum, réfléchi et âcre S. acre* figurent dans la pharmacopée. En Sibérie, l'orpin rose soulage la toux et calme la douleur.
Il peut causer une certaine euphorie suivie d'hébétude.

Pavot d'Islande
Papaver nudicaule,
papavéracées
Voir p. 150.

Potentille
Potentilla fruticosa 'Abbotswood',
rosacées
Arbrisseau rustique de 40 à 60 cm à feuillage bleu-vert foncé et fleurs blanches, de juin à fin octobre.
Plantation : en mars ou en octobre, par beau temps, en terre de jardin ordinaire bien drainée, calcaire, au soleil ou à mi-ombre. À planter au jardin ou en pot.
Entretien : éliminez les fleurs fanées. Arrosez abondamment lors de la plantation et par temps sec.
Utilisations : les pétales sont doux et décoratifs dans une salade, avec des légumes un peu sucrés (carottes, brocolis, etc.), ajoutés à une sauce de viande ou à une vinaigrette. La potentille ansérine (*P. anserina*) a des fleurs jaunes, aux vertus antiseptiques et astringentes ; les sommités florales arrêtent les saignements, calment les inflammations, agissent contre les dérangements intestinaux et les maux de gorge.

Aromates

Fenouil
Foeniculum vulgare,
ombellifères
Voir p. 69.

Thym citronnelle
Thymus x citriodorus variegatus,
Voir p. 66.

Verveine citronnelle
Lippia citriodora,
verbénacées
Arbuste semi-rustique originaire du Chili pouvant atteindre 1,50 m. Le feuillage vert pâle dégage une forte odeur citronnée. Petites fleurs mauve pâle, en août, sous formes de grappes de 8 à 10 cm.
Plantation : fin mai, dans une bonne terre de jardin bien drainée, sous le soleil et à l'abri du vent.
Entretien : paillez la souche en hiver, ou mettez la sous cloche, pour la protéger du gel.
Utilisations : feuilles à forte odeur citronnée qui parfument infusions, tisanes, thés. Fleurs et feuilles se marient bien à certains plats de légumes (fenouil, céleri) et s'associent aux ragoûts d'agneau, aux farces de poisson, aux liqueurs et aux sirops. La tisane est digestive et antiseptique. En aromathérapie, l'huile essentielle de *V. citriodora* tonifie le cœur et stimule la circulation.

jardin sous abri

Solitaire orchidée, rosée
Tels ses yeux emplis de larmes.
Rien qui puisse unir les cœurs :
Brume en fleur à nul dédiée.
Herbes folles son tapis
Branches d'épines son dais
Vent qui passe sa robe
Et tout bruissants d'eau
Ses pendentifs d'émeraude...

Li Ho (790-816)

Le Citrus limon (citronnier) vient d'Indochine et d'Inde où il pousse spontanément. Acclimaté en Asie Mineure bien avant notre ère, il est chanté par Virgile. La « pomme médique » fut redécouverte et rapportée par les croisés qui en suçaient le zeste et la pulpe acide pour se rafraîchir et se protéger des fièvres d'Orient.

Composer un jardin de fleurs tropicales ou frileuses dans une véranda, c'est créer un petit paradis qui nous rappelle un voyage dans les pays chauds que nous avons aimés. Bien sûr, ce paradis se mérite, et la culture en pots dans une véranda nécessite une attention quotidienne : il faut arroser chaque plante en fonction de ses besoins et, lorsque la véranda ne dispose d'aucun ombrage naturel, prévoir des stores pour masquer la lumière trop vive. Mais que de moments magiques passés là, alors que le temps semble suspendre sa course...

COMMENT CRÉER CE JARDIN ?

Notre véranda est de dimensions modestes (25 m²). Elle est exposée plein sud et s'ouvre sur une terrasse surplombant le jardin qui l'environne. Elle a été construite en prolongement de la façade, ce qui a imposé, pour cette maison de style 1930, de choisir une véranda « à l'ancienne ». Tous les pots sont en terre cuite brute ou vernissée et pourvus d'une soucoupe. Ils sont remplis d'un bon terreau, sur une couche de gravier assurant le drainage de l'eau. Une étagère métallique d'angle occupe l'espace situé derrière la porte vitrée. Le mobilier se compose d'un canapé et de sièges en rotin peints en blanc.

Le soleil éclaire la véranda dès 10 heures du matin. Un grand érable à la frondaison élevée assure une ombre légère et la fraîcheur nécessaire pendant l'été. L'absence de feuilles dès la fin de l'automne et en hiver permet au soleil de bien chauffer l'espace, jusqu'au début du printemps. La température ne doit pas descendre en dessous de 5 à 7 °C l'hiver. Un petit chauffage électrique d'appoint peut être nécessaire pendant les grands froids.

QUELLES FLEURS CHOISIR ?

Le choix des fleurs se définit naturellement avec des plantes frileuses, ne résistant pas au gel dans les régions tempérées à hivers froids : les agrumes aux fleurs très parfumées, le jasmin, qui fleurira plus tôt qu'au jardin, le gardénia qui prospère sous les alizés aux Canaries, les lis qui seront ainsi protégés des insectes, l'orchidée délicate, les pélargoniums odorants, le mimosa, qui nécessite d'être régulièrement arrosé, le bégonia dont les fleurs craignent les orages, quelques plantes tropicales d'ornement aux feuillages étranges et généreux.

Le rihzome séché et réduit en poudre du curcuma donne une épice célèbre, très utilisée dans la cuisine indo-malaise.

Ce beau lis blanc, Lillium regale, vient de Chine, où il est qualifié de royal.

quelles fleurs choisir ?

• À droite, un bananier produit au printemps des épis de fleurs roses comestibles. Débarrassés des feuilles qui les enveloppent et coupés en tronçons, ils se consomment crus ou cuits en sauce.

• Sous le bananier, nous avons placé un beau bégonia aux fleurs rose pâle, ainsi qu'un lis aux coloris roses et blancs.

• À gauche, l'oranger que nous avons installé ne porte pas encore de fleurs mais se couvrira dès l'automne de fleurs et de fruits.

• En pots sur l'étagère d'angle, un cattleya à fleurs roses et parfumées voisine avec deux lis blancs, un pied de curcuma aux épis mauves, deux lis rose et blanc et un hibiscus à fleurs jaune-crème.

• Dans les pots posés sur le sol, nous avons planté un maranta, plante d'ornement non comestible au feuillage vert marbré de noir, violet au revers, un gardénia aux fleurs odorantes et un mimosa des quatre saisons.

• Sur la terrasse, à droite, nous avons disposé dans l'alignement en pots, un petit mandarinier, un dracaena au feuillage lancéolé, un grand citronnier portant des fruits et un buis taillé en boule.

• À gauche, dans le massif du jardin, fleurit une lavatère à fleurs blanc rosé.

Non visibles sur la photo, plantés dans de grands pots, un grand mandarinier taillé en boule côtoie un jasmin officinal et, dans trois pots de 30 cm de diamètre, s'épanouissent deux pélargoniums au feuillage odorant et une verveine citronnelle.

Le mimosa des quatre saisons, Acacia dealbata, s'acclimate en région parisienne, dans un endroit protégé et exposé en plein sud.

*Capter la lumière des derniers frimas. Multiplier la chaleur
des premiers rayons d'un soleil encore timide en février et mars.
Vivre comme en été dès avril, bien à l'abri des dernières giboulées.
Contempler le ciel et suivre la course des nuages. Vivre au cœur
de l'orage d'août. Voir virer à l'or et au rouge les feuillages
d'automne, et méditer sur le blanc manteau de l'hiver.
La véranda n'en finit pas de nous offrir un art de vivre au quotidien.*

Bouillon façon thaï au mimosa

pour 6 personnes
préparation : 30 minutes
cuisson : 15 minutes

1 petite branche de mimosa fleuri
12 grosses crevettes crues
1 petit bouquet de coriandre fraîche
1 tige de citronnelle
3 petits piments rouges
(*prik khi-nou*, marché chinois)
1 échalote
1 citron vert
10 petits épis de maïs blanc
1 cuillerée à café de thé à la bergamote
1 cube de bouillon de poule
1/2 litre de lait de coco
5 lamelles de galanga (marché chinois)
sel et poivre

1 *Lavez les crevettes. Décortiquez-les (carapaces et queues). Réservez la chair et les carapaces.*
2 *Lavez la coriandre, égouttez-la et effeuillez-la.*
3 *Lavez et égouttez la citronnelle, puis ciselez-la finement.*
4 *Lavez les piments et coupez-les en petits morceaux.*
5 *Détachez les fleurs de mimosa de la branche, sans les laver.*
6 *Pelez l'échalote et émincez-la finement.*
7 *Pressez le citron.*
8 *Versez 1 litre d'eau dans une casserole et ajoutez le cube de bouillon de poule, les fleurs de mimosa en en réservant quelques-unes pour la décoration, la citronnelle, le piment, l'échalote, le thé, le lait de coco, le galanga et les carapaces de crevettes. Salez et poivrez.*
9 *Portez à ébullition et laissez cuire le bouillon pendant 10 minutes. Filtrez-le.*
10 *Remettez le bouillon filtré sur le feu. Ajoutez la chair des crevettes et les petits épis de maïs. Portez à ébullition et laissez cuire à nouveau pendant 4 minutes.*
11 *Ajoutez dans le bouillon la coriandre, le jus de citron vert et les dernières fleurs de mimosa.*

Hibiscus sur toast de prestige

pour 6 personnes
préparation : 40 minutes
cuisson : 5 minutes

3 fleurs d'hibiscus
1 poivron rouge
6 olives noires
6 olives vertes dénoyautées
3 tranches de pain de mie
1 petite boîte d'anchois roulés aux câpres
1 œuf
2 cuillerées à soupe d'huile d'olive
de très bon cru à la saveur fruitée
sel et poivre

1 Lavez et découpez le poivron en quatre. Faites-le griller dans le four. Éliminez la peau et découpez-le en tranches fines.
2 Lavez, égouttez sur du papier absorbant, puis hachez deux fleurs d'hibiscus. Détachez les pétales de la dernière fleur.
3 Dénoyautez, puis hachez les olives noires.
4 Séparez le blanc d'œuf du jaune et battez l'un et l'autre à la fourchette.
5 Réalisez la farce : versez deux cuillerées à soupe d'huile d'olive dans un bol. Salez et poivrez. Mélangez à l'huile le hachis d'olives noires, le blanc d'œuf et le hachis de fleurs.
6 Coupez en deux les tranches de pain de mie pour obtenir des triangles. Garnissez chaque toast d'une fine couche de farce. Disposez un anchois roulé et mettez au centre une olive verte. Décorez avec un fragment de pétale d'hibiscus et une lamelle de poivron grillé. Déposez un peu de jaune d'œuf sur le dessus avec un pinceau.

Sauce rouge à la verveine citronnelle

pour 4 à 6 personnes
préparation : 25 minutes
cuisson : 5 minutes

3 feuilles de verveine citronnelle
1 bouquet de persil plat
1 poivron rouge
2 tomates
1 oignon
2 gousses d'ail
1 cuillerée à café de coriandre en poudre
1 cuillerée à café de cumin en poudre
1 cuillerée à café de paprika en poudre
2 cuillerées à soupe d'huile d'olive

1 *Lavez, égouttez, puis faites griller le poivron au four. Enlevez la peau ; coupez-le en dés.*
2 *Lavez le persil et la verveine citronnelle ; ciselez-les finement et mélangez-les.*
3 *Pelez les tomates et coupez-les en dés.*
4 *Épluchez l'oignon et émincez-le finement.*
5 *Pelez l'ail et râpez-le.*
6 *Mettez l'huile dans une poêle et faites revenir l'oignon, l'ail, les dés de poivron et de tomate.*
7 *Saupoudrez sur la préparation un peu de coriandre, de cumin et de paprika. Ajoutez le mélange de persil et de citronnelle. Mouillez avec un verre d'eau.*

Cette sauce accompagne les poissons grillés et les légumes cuits à la vapeur.

Céleri au curcuma

pour 6 personnes
préparation : 30 minutes
macération : 24 heures

1 fleur de curcuma
1 cuillerée à café de poudre de curcuma
1 céleri-rave
1 bocal de morilles
1/4 de litre de vin blanc doux et fruité
1 jaune d'œuf
1 cuillerée à café de moutarde
10 à 15 cuillerées à soupe d'huile d'olive
15 gouttes de tabasco
sel et poivre

1 *La veille, râpez le céleri et faites-le macérer dans le vin blanc pendant 24 heures.*
2 *Préparez une mayonnaise. Mettez le jaune d'œuf dans un bol et jetez le blanc. Mélangez-le à la moutarde. Salez et poivrez. Versez l'huile d'olive en battant sans arrêt jusqu'à ce que la consistance soit épaisse.*
3 *Égouttez les morilles. Égouttez le céleri. Mélangez-les à la mayonnaise. Ajoutez la poudre de curcuma et 15 gouttes de tabasco. Rectifiez l'assaisonnement.*
4 *Décorez le céleri avec la fleur de curcuma, qui est essentiellement décorative.*

Symphonie en blanc avec le gardénia

pour 12 meringues
préparation : 40 minutes
cuisson : 35 minutes
macération : 1 nuit

pour les meringues
125 g de sucre glace
1 pincée de sel
6 blancs d'œufs

pour la crème
2 fleurs de gardénia dont 1 cristallisée
100 g de sucre semoule
40 g de farine
6 jaunes d'œufs
1 litre de lait entier
1 cuillerée à soupe de miel

1 La veille, plongez une fleur de gardénia dans 1 litre de lait froid. Réservez au frais et à l'abri et laissez macérer une nuit.
2 Préchauffez le four à 200 °C (th. 7).
3 Réalisez les meringues. Battez les blancs d'œufs en neige ferme. Pendant l'opération, ajoutez progressivement le sucre glace et le sel.
4 Garnissez la plaque du four d'une feuille de papier sulfurisé et humidifiez-le. À l'aide d'une poche munie d'une douille arrondie, formez douze meringues et déposez-les sur la plaque. Laissez cuire à four doux (th. 5) pendant 30 minutes en surveillant la cuisson.
5 Réalisez la crème. Dans une jatte, battez au fouet les jaunes d'œufs et le sucre jusqu'à ce que le mélange blanchisse. Délayez avec un peu de lait et incorporez la farine. Continuez à délayer avec le reste du lait.
6 Versez la crème dans une casserole et laissez-la cuire à feu doux pendant environ 5 minutes, sans cesser de tourner avec une cuiller en bois, jusqu'à ce qu'elle nappe la cuiller. Filtrez la crème et laissez-la refroidir.
7 Lorsque la crème est froide, ajoutez dedans six meringues cassées en petits morceaux.
8 Sur un plat de service, disposez en couronne les autres meringues en les collant les unes aux autres avec un peu de miel. Versez la crème au milieu de la couronne.
9 Égouttez la fleur et détachez les pétales. Décorez avec une fleur cristallisée et des pétales de gardénia (voir recette p. 24).

pour 4 à 6 personnes
préparation : 45 minutes
macération : 1 nuit
refroidissement : 25 à 35 minutes

10 feuilles de pélargonium odorant
6 fleurs de pélargonium
300 g de kiwis
1 citron
150 g de sucre semoule
150 g de crème Chantilly en bombe

Sorbet au pélargonium odorant

1 La veille, pelez et réduisez en purée dans une centrifugeuse 200 g de kiwis, puis filtrez pour recueillir le jus.
2 Pressez 1 citron. Ajoutez le jus de citron, les feuilles et les fleurs de pélargonium (conservez-en une pour la décoration) au jus de kiwi. Couvrez le récipient et mettez-le au frais.
3 Le lendemain matin, filtrez le jus. Réalisez un sirop avec le jus de fruits et le sucre. Mélangez bien, puis versez la préparation dans une sorbetière. Laissez prendre pendant 25 à 35 minutes.
4 Pelez et coupez 100 g de kiwis en tranches.
5 Préparez un lit de kiwi sur chaque assiette et posez des boules de sorbet dessus. Servez avec la crème.

pour 6 à 8 personnes
préparation : 35 minutes
cuisson : 20 minutes
macération : 1 heure

1 tasse à café de fleurs de jasmin
25 gouttes d'arôme de jasmin
300 g de farine
75 g de sucre semoule
75 g de beurre
+ 1 noisette pour le moule
3 œufs
1 petit pot de confiture d'oranges
125 g d'écorces d'orange confites
1 petit verre de curaçao
1 pincée de sel

Gâteau à l'orange et au jasmin

1 Lavez les fleurs de jasmin et faites-les macérer 1 heure dans le curaçao. Filtrez et réservez les fleurs et le curaçao séparément.
2 Préchauffez le four à 200 °C (th. 7).
3 Faites fondre doucement le beurre dans une casserole sans le laisser cuire.
4 Versez la farine dans une jatte, incorporez le beurre fondu et le sucre. Mélangez bien, puis ajoutez les œufs entiers un à un. Travaillez cette pâte. Terminez en ajoutant 15 gouttes d'arôme de jasmin et le sel.
5 Beurrez un moule et versez la pâte, puis répartissez les écorces d'orange confites.
6 Faites cuire pendant environ 20 minutes à four chaud. Vérifiez la cuisson du gâteau en enfonçant une lame fine. Démoulez-le sur une grille et décorez-le avec des fleurs de jasmin cristallisées (voir recette p. 24).
7 Préparez la sauce d'accompagnement en délayant la confiture avec le cucaçao. Aromatisez avec 10 gouttes d'arôme de jasmin. Goûtez et ajoutez quelques gouttes d'arôme si nécessaire.

Beignets de fleurs de citronnier et leurs feuilles

pour 6 à 8 personnes
préparation : 30 minutes
repos : 30 minutes
friture : 15 à 20 minutes

10 feuilles de citronnier
10 fleurs de citronnier

pour la pâte à beignets
125 g de farine de froment
1 œuf
1 litre de lait entier
sucre fin
2 litres d'huile pour friture

1 Dans un petit saladier, mélangez l'œuf entier et amalgamez la farine, puis délayez progressivement avec le lait. La pâte doit être épaisse, mais fluide. Laissez-la reposer pendant 30 minutes.
2 Faites chauffer l'huile pour la friture.
3 Lavez et égouttez les feuilles et les fleurs de citronnier.
4 Répartissez la pâte à beignets dans deux jattes. Mélangez les feuilles de citronnier à la première moitié de la pâte. Mélangez les fleurs à la seconde moitié de la pâte.
5 Déposez les feuilles dans l'huile bouillante à l'aide d'une cuiller et faites-les frire. Retirez-les avec une écumoire et posez-les sur du papier absorbant. Renouvelez l'opération avec les fleurs.
6 Disposez les beignets dans un plat et saupoudrez-les de sucre.
Pour manger les feuilles en beignet, tirez sur la queue de la feuille et conservez la pâte dans la bouche.

Thé d'une princesse chinoise

pour 2 à 3 personnes
préparation : 8 minutes
infusion : 3 minutes

2 fleurs de cattleya
1/2 litre d'eau de source
2 cuillerées à café de thé de Chine fermenté
125 g de gingembre confit

1 Portez l'eau de source à ébullition.
2 Lavez et hachez une fleur.
3 Rincez la théière à l'eau chaude, puis déposez dans le filtre le thé et le hachis de fleur. Versez l'eau bouillante sur le mélange. Laissez infuser pendant 3 minutes.
4 Servez le thé accompagné de gingembre confit, posé sur une assiette. Décorez avec la seconde fleur de cattleya.

les plantes de la véranda

Bananier
Musa acuminata
M. cavendishii,
musacées
Plante vivace de 4 à 6 m, à grandes feuilles de 2 à 3 m de long et gros épis coniques rose-pourpre en été.
Plantation : en bac, en serre ou en pleine terre comme sujet isolé, dans un sol riche.
Entretien : en hiver, maintenez une température de 10 °C maximum. Entre mai et septembre, apportez de l'engrais. Effectuez deux arrosages par semaine en été. Vaporisez le feuillage.
Utilisations : *fleurs à la saveur douce et sucrée, à consommer comme légume. Faites cuire les épis coupés en rondelles à la poêle ou en cocotte.*

Bégonia
Begonia secotiana
'Van der Meers Glory',
bégoniacées
Plante tubéreuse de 30 à 40 cm au feuillage vert moyen et à petites fleurs doubles rose pâle à jaunes.
Plantation : en sol léger. Faites germer les tubercules en mars-avril avant de les planter dans un pot rempli d'un riche terreau.
Entretien : maintenez la fraîcheur en période de croissance. Quand les feuilles jaunissent, réduisez les arrosages et ne vaporisez plus. Faites sécher les tubercules l'hiver, dans leurs pots, entre 2 et 4 °C.
Utilisations : *voir Bégonia,* Begonia x tuberhybrida *'Rosana', p. 151.*

Cattleya
Cattleya,
orchidacées
Orchidée épiphyte originaire du Brésil et du Mexique. Hybride à fleurs roses. Tige florale arquée portant des fleurs parfumées en automne.
Plantation : en pot de 20 cm de diamètre, dans un compost de fibres spécial pour orchidées.
Entretien : modérez les arrosages après la floraison. En été, arrosez tous les jours. En hiver, assurez dans la serre une température de 14 °C maximum. Aérez quand elle atteint 24 °C. Vaporisez quotidiennement la plante entière avec de l'eau de source non calcaire.
Utilisations : *le riche parfum de la fleur la destine aux desserts. On l'utilise aussi en infusion, hachis, décoction, macération.*

Citronnier
Citrus limon,
Citrus x meyeri,
rutacées
Arbuste ou petit arbre pouvant atteindre 7 m, à petites feuilles finement dentées et mauves au début. Fleurs blanches aromatiques au printemps et en été. La fructification a lieu en même temps que la floraison si la température est favorable.
Plantation : en sol léger et fertile. Préfère les climats chauds ou une serre bien éclairée avec une température minimale de 4 °C. Arrosez bien et nourrissez régulièrement la plante en période de croissance.
Entretien : arrosez fréquemment au printemps et en été. Abritez l'arbre pendant l'hiver.
Utilisations : *les fleurs, à la délicieuse senteur citronnée, parfument desserts, viandes, poissons et boissons.*

Curcuma
Curcuma longa,
zingibéracées
Plante vivace de 1 m à rhizome à feuilles lancéolées et fleurs en épis imposants de couleur rose-lilas, de mai à septembre.
Plantation : en pot, dans une terre riche.
Entretien : arrosez régulièrement. Apportez de l'engrais au printemps. Vaporisez quotidiennement toute l'année.
Utilisations : *la fleur de curcuma est décorative mais peu aromatique. Seules les graines, les feuilles et la racine, apparentées au safran, colorent et parfument le riz. La médecine naturelle reconnaît à la racine le pouvoir d'éliminer les toxines du foie et de fortifier la vésicule biliaire.*

Gardénia
Gardenia jasminoides,
rubiacées
Arbuste ou arbrisseau à feuillage semi-persistant vert franc et fleurs doubles odorantes, blanc pur, entre juin et août.
Plantation : en pots de 15 à 20 cm. Plante fragile, à cultiver en serre.
Entretien : apportez de l'engrais de mai à octobre. Le substrat doit rester humide. Mouillez le feuillage mais surtout pas les fleurs ni les boutons. Un air trop sec

Gardénia, *Gardenia jasminoides*

est responsable de la chute des boutons. Le gardénia craint les températures inférieures à 12 °C ; s'il est cultivé au jardin, rentrez-le à l'intérieur dès septembre.
Utilisations : *le parfum exquis des fleurs s'accorde bien avec les desserts. Faites-les infuser dans du lait ou macérer dans les sirops et les alcools. Les fruits et les racines sont considérés en Chine comme désintoxiquants et actifs contre la fièvre. Ils diminuent la pression sanguine.*

Hibiscus
Hibiscus rosa-sinensis, **malvacées**
Arbuste non rustique à fleurs simples, semi-doubles ou doubles, jaunes, crème, saumon, rouges, de juin à septembre. Hauteur : 2 m.
Plantation : sous abri, dans des pots de 20 à 30 cm remplis de terreau additionné de tourbe.
Entretien : arrosez tous les 3 ou 4 jours, d'avril à octobre, puis augmentez les arrosages en mars et placez les sujets en pleine lumière. Aérez lorsque la température dépasse 20 °C. En été, vaporisez quotidiennement le feuillage. Apportez un engrais léger entre mai et septembre. Hivernez à une température de 7 à 10 °C.
Utilisations : *de saveur douce, les fleurs sont séchées en Égypte pour réaliser une excellente boisson rafraîchissante : le karkadeh. Elles peuvent parfumer et colorer en rose glaces, sorbets et boissons (tisanes, limonades, sirop...). En Asie l'hibiscus sert à teindre ; il a des usages cosmétiques et médicinaux en Chine. Les pétales séchés d'Hibiscus sabdariffa se consomment infusés pour combattre la fièvre et la toux. La tisane est légèrement laxative.*

Jasmin officinal
Jasminum officinale, **oléacées**
Voir p. 88.

Lis blanc
Lilium regale, **liliacées**
Plante bulbeuse de 60 à 80 cm à feuilles vert foncé brillant. Au milieu de l'été, fleurs en trompette très parfumées, blanches, jaune soufre au centre. L'extérieur des pétales est pourpre rosé.
Plantation : plantez les bulbes en automne ou au printemps, en pot ou en pleine terre, dans un mélange non calcaire de terreau de feuilles, de fumier bien décomposé et de sable, en situation bien abritée. Plantez 3 bulbes par pot de 25 cm, assez profondément.
Entretien : tuteurez les plantes et arrosez beaucoup en période de croissance. Coupez régulièrement les fleurs fanées. Si les bulbes sont plantés en massif, récupérez-les à la fin de l'automne et laissez-les végéter dans une terre sableuse sans oublier de les arroser.
Utilisations : *fleurs au riche parfum à senteur de pollen. Les bulbes étaient jadis une source de nourriture. La saveur piquante des fleurs ne rappelle en rien leur senteur, elles offrent de jolis contenants ou s'utilisent en condiment. Consommez les pétales farcis et frits en beignets ou, émincés, avec un ragoût de volaille. Faites macérer les fleurs dans le lait pour réaliser yaourts et desserts lactés. Les pétales macérés dans l'alcool ou l'huile sont cicatrisants.*

Lis rose
Lilium rubellum, **liliacées**
Plante bulbeuse de 30 à 80 cm originaire du Japon. En mai-juin, fleurs en clochette de 8 cm de diamètre, rose tendre, à anthères jaune d'or, délicatement parfumées.
Plantation, entretien et utilisations : voir Lis blanc, *Lilium regale*.

Mandarinier
Citrus reticulata, **rutacées**
Arbuste épineux originaire de Chine à feuilles vert foncé et petites fleurs blanches, parfumées, dès décembre. Fruits doux.
Plantation : à la fin de l'hiver en terrain riche, profond et léger, bien drainé, dans une serre ou sous un climat chaud sans écarts de température.
Entretien : taillez en boule ou en gobelet. L'intervention doit rester légère.
Utilisations : *consommez les fleurs, de senteur et de saveur exquises, en beignets, cristallisées, avec les ragoûts d'agneau, le canard, ou bien en gelées, glaces, sorbets ou sirop. En Chine, l'écorce est utilisée contre les maux de poitrine, la congestion et la malaria.*

Mimosa
Acacia dealbata, *A. retinodes*, **légumineuses**
Arbrisseau peu rustique à feuillage persistant et fleurs d'un jaune éclatant, très parfumées. Le mimosa

Oranger doux, calamondin

des quatre saisons *A. retinodes* fleurit périodiquement tout au long de l'année, *A. dealbata* en fin d'hiver.
Plantation, entretien et utilisations : voir Mimosa *Acacia retinodes*, *A. floribunda*, p. 65.

Oranger doux, calamondin
Citrus sinensis, **rutacées**
Petit arbre à feuilles vert foncé et fleurs blanches odorantes en mars et en avril. Fruits à la pulpe douce, non acidulée. Nombreux pépins.
Plantation : en pleine terre (jardins méditerranéens) ou en bac, en sol léger et fertile, riche en matières organiques, bien drainé.
Entretien : taillez le bois mort. Apportez régulièrement un engrais riche. Rentrez les bacs avant l'hiver.
Utilisations : *la saveur des fleurs, riche en notes florales et fruitées, les destine, entières, aux desserts et aux confiseries. Fleurs et feuilles du bigaradier (*C. aurentium*) ont des vertus sédatives et calment la nervosité.*

Pélargonium odorant
Pelargonium tomentosum, **géraniacées**
Sous-arbrisseau non rustique de 60 à 90 cm, originaire d'Afrique du Sud, à feuilles vert pâle, poilues, formant un coussin. Fleurs blanches en ombelles, de juin à septembre.
Plantation, entretien et utilisations : voir Pélargonium odorant, *Pelargonium zonale* 'Blancafour', *P. tomentosum*, p. 90.

Verveine citronnelle
Lippia citriodora, **verbénacées**
Voir p. 91.

jardin d'eau

L'instant de l'eau est juste
La fontaine est au centre
Le présent jaillit de ses veines
Sève des saisons neuves

Au jardin vertical
l'eau d'argent et de cristal
Multiplie ses statues fragiles

Jean-Clarence Lambert,
Le Noir de l'Azur.

Le Nymphoides peltata, utilisé pour accompagner les mets doux, aime avoir les pieds dans l'eau.

Aujourd'hui, implanter un jardin aquatique dans un parc, un jardin, sur une terrasse ou un toit, ne présente plus de grandes difficultés grâce aux nouveaux matériaux disponibles. La simplicité de la réalisation étonne. Celui qui s'attelle à la création d'un jardin aquatique voit très vite son travail complété par une nature généreuse qui développe des algues et des plantes favorables au nouvel environnement. À la diversité des feuillages se joignent les magnifiques et souvent odorantes floraisons, le jeu silencieux des poissons colorés, le jaillissement sonore ou le murmure de l'eau. La nuit, un subtil éclairage ajoutera sa lumière au mystère de l'eau, à la tranquille harmonie d'un moment. Un jardin aquatique est le lieu où l'esprit se vivifie, où l'âme s'interroge...

Comment créer ce jardin ?

On peut aujourd'hui créer toutes sortes de bassins, petits ou grands. Un bassin aux formes et plantations naturelles s'installe au niveau le plus bas d'un terrain. Les petits bassins stylisés trouvent leur place en tout lieu bien paysagé pour évoquer l'eau. Une de nos amies à créé un bassin dans une « coquille » préfabriquée, romantique et très décoratif. Elle en renouvelle les plantations chaque année.

On peut aussi réaliser un bassin dans une auge, un demi-tonneau, en somme dans tout ce qui peut contenir de l'eau. Il faut seulement choisir les plantes en fonction du matériau et installer le bassin dans un endroit ensoleillé. Le développement des plantes est fonction de la température de l'eau.

Le terrassement

Avant toute chose, il faut bien sûr creuser un trou, petit, moyen ou plus vaste. Du projet d'un bassin de 5 m^2 à l'étang, la première démarche est la même. Notre bassin ne nécessitant pas plus de 40 à 50 cm de profondeur, vous n'aurez pas besoin d'utiliser du gros matériel coûteux. Le terrassement manuel est suffisant, il faut simplement du courage. Le petit matériel motorisé à louer est adapté à ce travail.

L'étanchéité du bassin

La deuxième phase de travail consiste à choisir un revêtement qui assurera l'étanchéité de la surface creusée. Sa nature sera différente selon que vous envisagerez une réalisation provisoire ou au contraire destinée à durer dans le temps.

La méthode traditionnelle consistait à déposer une couche épaisse d'argile au fond et sur les

Les fleurs cireuses de l'Aponogeton distachyus ont une étonnante vigueur quand elles apparaissent, juste avant les feuilles, dans l'eau à peine réchauffée par le soleil.

Double page suivante : Lieu de contemplation et de méditation, le jardin aquatique offre le spectacle d'une nature mouvante et de plantes soumises aux métamorphoses et aux caprices des saisons.

parois du trou, mais actuellement des matériaux modernes sont à notre disposition.

• Pour notre jardin aquatique nous avons utilisé un bassin préformé en polyéthylène Lobelia SIV de 2,65 m sur 1,30 m, d'une profondeur de 0,55 m et d'un volume de 750 litres. Il est équipé d'un sujet cracheur (poisson) et alimenté par une pompe aquarius 900. On peut trouver d'autres bassins préformés réalisés en polyester ou en PVC. Mais de manière générale leurs normes techniques ne sont pas adaptées à la culture de nombreuses plantes aquatiques.

• Il existe aussi d'autres types de revêtement plus ou moins adaptés aux bassins que l'on veut créer. Les films Visquen et les bâches en PVC sont bon marché mais peu résistants aux UV et au gel. Les roofings et butyles, produits à base minérale, nécessitent l'intervention d'un technicien lors de la pose ; leur seul inconvénient est que les racines de certaines plantes (phragmites et typha) les utilisent comme composant assimilable et créent des dégâts. Le ciment et le béton sont coûteux car le coffrage doit être réalisé par un maçon ; ils ne résistent pas au gel et provoquent la modification du pH de l'eau en raison de la dissolution de la chaux du béton. Ne videz jamais un bassin de ce type l'hiver si vous ne voulez pas provoquer de fissures irréparables. Enfin, une autre solution, idéale pour les très grandes surfaces, consiste à couler du polyester pour réaliser sur place une coque de 5 kg au mètre carré, très résistante au gel et aux températures, qui épouse la forme du bassin. Relativement compétitive, cette formule semble prometteuse pour les bassins de terrasses et de toits.

L'eau du bassin

Les eaux de pluies canalisées par des gouttières en zinc sont polluées d'un oxyde néfaste aux plantes. Il faut préférer l'eau de ville et surtout l'eau de source qui n'est pas javellisée. Celle des rivières peut se révéler polluée ; il faut la faire analyser. Une multitude de micro-organismes va s'installer dans votre bassin. Ce milieu naturel est fragile, il craint les apports d'engrais et les produits chimiques vendus dans le commerce pour clarifier l'eau. La nature a ses solutions. Pensez à implanter des espèces qui filtrent l'eau et sont oxygénantes comme *Elodea*, *Ceratophyllum*, *Myriophyllum*, *Stratiotes* ou *Crassula*.

En bas : La forme des fleurs de nénuphar ne diffère pas beaucoup selon les variétés. Leurs pétales pointus s'épanouissent en étoile.

Le lagunage, épuration naturelle utilisant la végétation aquatique comme agent microphage, n'est cependant possible que sur de très grandes surfaces d'eau. Pour une pièce de dimensions plus modestes, il vous faudra recourir à des équipements techniques.

Les équipements techniques

- Les diffuseurs d'oxygène sont indispensables pour les grands bassins. Certains sont équipés d'une lampe qui forme des bulles et sont du plus joli effet.
- Les pompes à eau de type immergé, de capacité variable, se choisissent en fonction du débit de l'eau, des jets, de la hauteur et de la remontée d'eau. Un spécialiste guidera votre choix. Les pompes à eaux conviennent aux bassins petits ou moyens ; celle à air aux débits importants.
- Les câbles techniques doivent posséder une section égale ou supérieure à 2,5 mm à deux conducteurs et une mise à la terre. Une gaine EVAVB les met à l'abri des rongeurs. Il est préférable de les enterrer.

- Le coffret technique le plus simple possède des prises électriques pour la pompe et les éclairages flottants. Le plus élaboré intègre une minuterie à programmation pour assurer ses fonctions en toute sécurité.

Quelles fleurs choisir ?

- Les plantes immergées sont cultivées dans des pots ou des paniers. Les plantes flottantes se posent sur l'eau (genre *Eichornia crassides*, jacinthe d'eau). Parmi ces plantes, nous avons choisi et utilisé pour notre bassin l'aponogeton, l'*Hedychium maximum*, le lotus des Indes, le *Ludwigia sprengeri*, le *Nymphoides peltata* et le *Nymphaea alba*.
- Les plantes de rives sont très nombreuses et se plaisent dans les sols humides, les marais, tourbières et bords de ruisseau. Certaines variétés ont besoin de plonger leurs racines dans l'eau comme l'*Acorus calamus* ou les menthes aquatiques.
- Dans notre jardin figurent : astilbes, grande consoude, reine des prés, géranium des marais, hostas, primevères, onagre, menthes, myosotis des marais, trèfle d'eau, populage des marais, potentilles, berce à larges feuilles, jonc (plante uniquement décorative).

Les règles de plantation

- Plantez durant la période végétative, entre le 15 mai et le 15 septembre. Les espèces tropicales se plantent à partir du mois de juin et sont rentrées à la fin du mois de septembre.

Toutes les variétés de primevères aiment les terres humides, mais celle-ci, la Primula valii, *plus encore que toute autre.*

- Respectez les profondeurs de plantation selon chaque espèce.
- Pour les plantes en pots, utilisez le substrat correspondant aux besoins de la plante.
- Favorisez la constitution de la vase au fond du bassin et évitez de perturber cet équilibre biologique. En juin, nourrissez la vase du bassin avec un engrais azoté minéral bio.

L'ENTRETIEN D'UN BASSIN PLANTÉ
En hiver
Pour éviter que le bassin ne s'asphyxie sous une couche de glace, prévoyez une ou deux « cheminées » en posant à la surface de l'eau un petit fagot de bois ou un ballon, qui suffiront pour une petite surface. Il existe des cheminées techniques (Bulkalor) pour les pièces d'eau plus importantes.

Au printemps
Une petite toilette s'impose avec les premiers vrais rayons de soleil. Mais le réveil de la flore aquatique reste plus lent que celui de la flore terrestre. Lorsque la température atteint 15 °C en mai-juin, enlevez les branches et les tiges sèches ou pourries, puis ratissez doucement et superficiellement le fond du bassin pour éliminer les feuilles mortes. Ne videz jamais le bassin. La vase accumulée au fond est précieuse. C'est elle qui est source de vie. Procédez au nettoyage des diffuseurs d'oxygène et de la pompe avant leur remise en service. Contrôlez la prolifération des algues.

En été
C'est la saison importante. Les plantes en pleine croissance apprécient un apport d'engrais naturel, à renouveler trois semaines plus tard. Supprimez l'excès de végétation. Deux tiers d'eau libre sont nécessaires à l'équilibre du bassin. Traitez les pucerons avec un produit naturel. Ou bien renversez dans l'eau le pot avec la plante envahie par les insectes, pour noyer feuillage et pucerons.

En automne
Les nymphéas vont peu à peu arrêter leur floraison. D'autres espèces, tel l'aponogeton, vont au contraire, dès le refroidissement de l'eau, développer leurs feuilles, suivies d'épis floraux. Continuez d'ôter délicatement les feuilles mortes pour ne pas perturber la vie des plantes et des poissons. Certaines plantes doivent être hivernées, comme les papyrus et les nymphéas. Dès l'apparition du gel, mettez hors service la pompe en la plongeant dans un seau d'eau avec son câble d'alimentation électrique, sauf la prise. Arrêtez de nourrir les poissons, qui vont entamer leur hibernation.

Jus de carotte Ansérina

pour 2 à 3 personnes
préparation : 15 minutes
refroidissement : 1 heure

12 fleurs de potentille ansérine
1 fleur de carotte sauvage
6 carottes
1 cuillerée à café de poudre de fenouil
sel

1 Grattez les carottes et coupez-les en morceaux pour en exprimer le jus dans une centrifugeuse.
2 Lavez les fleurs et égouttez-les. Détachez les pétales de la potentille et les petites fleurs de l'inflorescence de carotte.
3 Ajoutez au jus de carotte la poudre de fenouil, un peu de sel et les fleurs.
4 Mélangez, puis mettez au réfrigérateur pendant 1 heure. Filtrez le jus avant de le servir.

Thé fraîcheur

pour 4 personnes
préparation : 8 minutes
infusion : 3 minutes

4 inflorescences de menthe (*Mentha* 'Preslia Cervina')
3 graines de lotus
1 cuillerée à soupe de thé vert
1 citron vert
1 litre d'eau de source

1 Portez 1 litre d'eau à ébullition.
2 Rincez la théière à l'eau chaude et déposez le thé et les graines de lotus dans le filtre. Versez l'eau bouillante sur le thé et laissez infuser pendant 3 minutes.
3 Lavez la menthe, égouttez-la et disposez une inflorescence dans chaque verre. Versez le thé. Ajoutez une rondelle de citron dans chaque verre.

Coco choco

pour 4 personnes
préparation : 10 minutes
cuisson : 3 minutes
refroidissement : 1 heure

2 fleurs d'aponogeton
4 cuillerées à soupe de cacao
1 litre de lait entier
80 g de sucre de canne

1 *Rincez les fleurs en épis sous un filet d'eau.*
2 *Délayez le cacao au lait. Ajoutez le sucre et remuez.*
3 *Faites chauffer le chocolat. Laissez-le bouillir pendant 2 à 3 minutes pour le cuire, retirez-le du feu et plongez les fleurs dans le liquide chaud. Laissez infuser pendant 1 heure.*
4 *Filtrez le chocolat et mettez-le au réfrigérateur pendant au moins 1 heure. Servez-le bien froid.*

Rouleaux d'été fleuris

pour 6 personnes
préparation : 40 minutes

menthe aquatique
6 fleurs de Preslia Preslia Cervina (*Ludwigia clavellina*), onagre
200 g de petites crevettes roses cuites
1 avocat bien mûr
1 petit bouquet de persil
1 bouquet de ciboulette
2 petites carottes
6 feuilles de laitue
1 citron
6 crêpes de riz très fines (épiceries chinoises)
sel fin

1 *Pelez l'avocat et mixez la chair.*
2 *Lavez les fleurs d'onagre et détaillez-les en lamelles fines.*
3 *Lavez la menthe et le persil, égouttez-les sur du papier absorbant et hachez-les.*
4 *Lavez la ciboulette et émincez-la finement.*
5 *Lavez et râpez les carottes.*
6 *Lavez les feuilles de laitue, égouttez-les et réservez-les.*
7 *Dans une jatte, mélangez la chair d'avocat avec les fleurs, la menthe, le persil, la ciboulette et les carottes râpées.*
8 *Exprimez le jus du citron et ajoutez-le à la préparation. Incorporez les petites crevettes décortiquées et salez.*
9 *Mettez à plat les crêpes de riz. Disposez sur chaque crêpe une feuille de laitue et découpez ce qui dépasse. À l'aide d'une cuiller à café, répartissez la farce sur les six crêpes. Enroulez les crêpes sur la farce. Refermez la pâte à chaque bout du rouleau. Mouillez les bords pour coller la pâte.*

Fruits exotiques et fleurs en nid de coco

pour 6 personnes
préparation : 30 minutes
refroidissement : 1 heure minimum

8 fleurs de *Nymphoides peltata*
1 pamplemousse à chair rose
1 orange
1 carambole
2 kiwis
1 petite grappe de raisin noir
3 citrons jaunes
2 citrons verts
1 mangue
2 mini-bananes
80 g de sucre en poudre
1 sachet de sucre vanillé
1/2 litre de lait de coco
1 cuillerée à soupe de miel toutes fleurs
1 noix de coco coupée et vidée

1 *Lavez les fleurs et réservez-les.*
2 *Pelez le pamplemousse, l'orange, la carambole et les kiwis. Lavez le raisin et détachez les grains.*
3 *Détachez les quartiers d'orange et de pamplemousse.*
4 *Coupez en tranches la mangue et la carambole. Coupez en rondelles les bananes et les kiwis.*
5 *Pressez les citrons jaunes et verts ; mélangez le jus avec le sucre en poudre, le sucre vanillé, le lait de coco, le miel et les fleurs.*
6 *Disposez le mélange de fruits dans la noix de coco. Versez le jus de citron sucré et parfumé sur les fruits et mettez la noix de coco au réfrigérateur pendant au moins 1 heure.*

Boulettes de riz à la crème de nymphéa

pour 6 personnes
préparation : 45 minutes
cuisson : 5 à 6 minutes
infusion : 1 heure

1 fleur de nénuphar (*Nymphaea alba*) fraîche
ou 1 cuillerée à soupe de pétales séchés
(marché chinois)
7 feuilles de menthe
(*Mentha* 'Preslia Cervina')
125 g de framboises
12 boulettes de riz au lotus
(supermarché ou épicerie chinois)
1/2 litre de lait entier
4 jaunes d'œufs
150 g de sucre fin

1 *Lavez et égouttez les feuilles de menthe et la fleur de nénuphar. Réservez quelques feuilles de menthe pour la décoration.*
2 *Réalisez une crème anglaise. Faites chauffer le lait avec le sucre et les feuilles de menthe. Lorsqu'il bout, retirez-le du feu et plongez-y les pétales séchés de nymphéa ou la fleur entière fraîche. Laissez infuser pendant au moins 1 heure. Filtrez et remettez le lait sur le feu.*
3 *Battez au fouet les jaunes d'œufs dans une terrine et versez progressivement le lait chaud. Faites cuire la crème pendant environ 4 à 5 minutes sur feu doux, sans la laisser bouillir, en tournant sans arrêt. La crème doit napper la cuiller. Laissez refroidir et mettez au réfrigérateur.*
4 *Au moment de servir, enveloppez les boulettes de riz au lotus dans un film adapté à la cuisson au micro-ondes et faites-les réchauffer pendant 1 minute 30.*
5 *Versez la crème dans des coupelles ou assiettes à dessert. Répartissez les framboises sur la crème et déposez une boulette de riz au centre de chaque assiette. Décorez avec quelques feuilles de menthe.*

Réalisez vous-même les boulettes de riz au lotus

1 fleur de lotus ou de *Nymphaea alba*
150 g de sucre semoule
180 g de farine de riz gluant
(épicerie chinoise)
150 g de noix de coco râpée
1 jaune d'œuf
1 jus de citron

Préparez une petite crème avec 1 jaune d'œuf, 80 g de sucre, un peu de hachis de pétales de lotus ou de Nymphaea alba et quelques gouttes de jus de citron. Mélangez avec une cuiller en bois 60 g de sucre à 180 g de farine de riz gluant. Mouillez avec un peu d'eau pour en faire une pâte molle, mais qui se tient. Prenez dans vos doigts une petite quantité de pâte pour former une boule, aplatissez-la et mettez un peu de crème au milieu. Refermez la boule sur elle-même et roulez-la dans de la noix de coco râpée. Faites cuire les boulettes à l'eau chaude sucrée pendant 1 minute. Égouttez-les et roulez-les dans de la noix de coco râpée.

Duo de fleurs d'amour et de soleil

pour 6 personnes
préparation : 15 minutes
cuisson : 5 minutes

6 fleurs d'aponogeton
6 figues fraîches
6 petites feuilles de figuier
1 citron
180 g de sucre cristallisé
confiture d'airelle

1 Lavez les petits épis floraux d'aponogeton avec précaution et égouttez-les sur du papier absorbant.
2 Lavez les figues et leurs feuilles. Ouvrez en quatre la partie supérieure des figues pour former une corolle.
3 Exprimez le jus du citron.
4 Réalisez un caramel. Versez le sucre dans une casserole et mouillez-le avec 1/4 de litre d'eau. Portez à ébullition. Lorsque le sucre est bien doré, ajoutez deux épis de fleurs, puis arrêtez la cuisson avec le jus de citron.
5 Avec une cuiller à café, déposez au cœur de chaque figue une noix de confiture d'airelle. Couvrez de caramel et décorez avec une fleur entière ou un fragment de fleur. Présentez chaque figue sur une feuille de figuier.

les plantes du jardin d'eau

Nous avons dû faire un choix pour paysager notre jardin aquatique ; la liste des fleurs comestibles qui figure ici vous offrira une plus large gamme de plantes que vous pourrez découvrir et implanter.

PLANTES IMMERGÉES

Aponogeton
Aponogeton distachyus, **aponogetonacées**
Vivace aquatique s'étalant sur environ 1,20 m. Petits épis floraux blancs avec feuilles dès que les eaux du bassin refroidissent, d'avril à fin octobre, sauf pendant les mois les plus chauds.
Plantation : dans un pot immergé à 20-50 cm, dans des eaux froides (15 °C au maximum).
Entretien : la plante disparaît complètement pendant l'été. Divisez les rhizomes durant cette période de dormance.
Utilisations : « fleur dessert » à la délicieuse senteur de noix de coco, de vanille et de jasmin. Associez-la aux entremets, salades de fruits, fruits cuits, ou faites-la macérer dans tous les liquides et dans les alcools.

Aster
Aster novi-belgii 'Marie Ballard', **composées**
Voir p. 144.

Châtaigne d'eau
Trapa natans, **trapacées**
Annuelle flottante en forme de rosace, de 20 à 50 cm, formant un feuillage vert bleuté à pourpre et des fleurs blanches en été. Décorative de juillet à septembre.
Plantation : en pleine lumière, dans une eau ne descendant pas au-dessous de 10 °C.
Entretien : la plante se ressème spontanément.
Utilisations : son fruit farineux et salé est consommé grillé ou cuit sous la cendre. Il est très riche en fer.

Euryale ferox, **nymphéacées**
Plante aquatique tropicale, vivace, épineuse, atteignant 1 m de diamètre. La face inférieure des feuilles est violette. Fleurs rouges, pourpres ou lilas en été.

Lotus des Indes, *Nelumbo nucifera*

Plantation : dans un panier, au soleil. Pour fleurir, la plante a besoin d'une eau à 20 °C.
Entretien : plante non rustique qui doit être rentrée avant l'hiver et maintenue au moins à une température de 8 °C.
Utilisations : fleurs et fruits sont comestibles. Les fleurs parfument le thé, les infusions, le lait et l'eau.

Lotus des Indes
Nelumbo nucifera, **nelumboacées**
Vivace aquatique à grand développement formant des feuilles de 80 cm de diamètre portées par des tiges de 2 m. Les grandes fleurs blanc rosé sont extraordinairement belles et harmonieuses et s'épanouissent en été.
Plantation : dans un grand pot immergé à 40-50 cm. Plante qui aime le soleil et la chaleur.
Entretien : enrichissez régulièrement la vase ou la terre du pot. Rentrez la plante avant l'hiver car elle craint les grands froids.
Utilisations : son riche parfum offre un bouquet de senteurs qui se retrouvent dans la saveur de la « fleur dessert ». Tout se mange dans le lotus, y compris les graines. Les pétales crus ou séchés parfument les crèmes, le thé et toutes sortes de desserts. Les feuilles se cuisent comme des épinards.

Myosotis des marais
Myosotis scorpioides palustris 'Mermaid', **boraginacées**
Plante aquatique rustique de 25 cm à feuillage persistant vert foncé. Les fleurs en bouquets bleu profond avec un cœur jaune, s'épanouissent de juin jusqu'aux gelées.
Plantation : en avril, mai, septembre ou octobre, dans un pot rempli d'une terre lourde et fertile, immergé à 8 cm ou au niveau de l'eau. Distance de plantation : 15 à 25 cm.
Entretien : attention, par temps froid, la pourriture grise peut envahir les fleurs, les couvrant d'une pellicule grisâtre.
Utilisations : les fleurs sont très gracieuses dans les salades, qu'elles étoilent de bleu ciel. Elles ont un parfum léger, mais on ne leur connaît pas de saveur ni de bienfaits notables.

Nénuphar
Nymphaea alba,
N. odorata hybrides,
nymphéacées
Plante aquatique vivace formant des feuilles rondes flottantes parées de rouge à l'état jeune, puis vert clair. Les fleurs, très blanches ou blanc rosé, à étamines jaunes, s'épanouissent en été.
Plantation : dans un pot ou un panier immergé à, au moins 45-75 cm, rempli d'une terre riche et fertile. Lors de la plantation, l'eau doit être claire pour laisser passer la lumière qui favorise la croissance de la plante.
Entretien : durant la période de croissance, fertilisez régulièrement. Supprimez les feuilles jaunies et les fleurs fanées.
Utilisations : *les pétales sont séchés pour les tisanes. On les fait infuser dans du lait pour une crème anglaise, ou macérer dans l'alcool. Leur saveur, d'abord douce, devient ensuite poivrée. Ils ont un effet calmant.*

Nymphoides peltata,
menyanthacées
Plante aquatique vivace de 5 à 10 cm, à rhizome, formant des feuilles arrondies flottantes semblables à celles des *Nymphaea*. Fleurs de 2 à 3 cm jaune pâle qui s'épanouissent en été.
Plantation : vers la mi-avril, dans un pot ou un panier rempli d'une terre riche et fertile, à 30 cm de profondeur. Lors de la plantation, l'eau doit être très claire pour laisser passer la lumière qui favorise la croissance de la plante.
Entretien : dégagez régulièrement la surface de l'eau des débris végétaux.
Utilisations : *la fleur, au goût un peu piquant et poivré, convient aux mets doux (légumes) et s'accorde bien avec les fruits exotiques.*

Œnothère des marais
Ludwigia grandiflora,
onagracées
Plante vivace de 1 m portant de mai à septembre des fleurs jaune d'or.
Plantation : entre octobre et avril, en sol riche, immergé à 10-30 cm de profondeur ou sur une terre très souvent inondée. Nécessite une température de l'eau de 5 à 18 °C.
Entretien : entre octobre et novembre, rabattez les tiges aériennes. Attention à l'oïdium qui apparaît sur le feuillage.
Utilisations : *la fleur apporte aux légumes et aux fruits sa couleur chaude et son parfum léger.*

Trèfle d'eau
Menyanthes trifoliata,
menyanthacées
Plante aquatique vivace de 20 à 40 cm formant des feuilles aériennes trilobées et des fleurs blanches ou rosées en étoile, réunies en racèmes denses sur une tige nue, qui s'épanouissent d'avril à mai.
Plantation : au printemps, au soleil, immergé entre 10 et 40 cm de profondeur. Se cultive aussi dans une prairie très humide.
Entretien : prélevez des morceaux de rhizome au printemps et replantez-les aussitôt dans la vase du bassin.
Utilisations : *la tige, les fleurs et les feuilles de la plante ont une saveur de foin et d'herbe. Réduisez en poudre les fleurs séchées pour obtenir une épice à mélanger dans les farines. Elles peuvent se manger cuites comme des épinards.*

Myosotis, *Myosotis scorpioides palustris* 'Mermaid'

PLANTES DE RIVES

Astilbe
Astilbe chinensis pumila,
saxifragacées
Plante vivace vigoureuse de 20 à 30 cm, dont l'étalement peut atteindre 30 cm, à belles feuilles vertes à reflet rougeâtre et à petites fleurs rouge magenta groupées en panicules de mai à août.
Plantation : d'octobre à mars, près des rives et des plans d'eau ombragés.

Entretien : plante aimant l'humidité, arrosez en période sèche. Enrichissez le sol avec du terreau de feuilles ou de tourbe.
Utilisations : *les petites fleurs s'égrènent au-dessus des préparations de légumes et des salades et dans les sauces.*

Berce
Heracleum mantegazzianum,
apiacées
Plante vivace de 0,80 à 1,50 m formant une touffe de feuilles vert clair, velues et un peu piquantes. Ombelles de fleurs blanches à l'extrémité des tiges, de juillet à septembre.
Plantation : en sol humide, non acide.
Entretien : plante facile à cultiver.
Utilisations : *toutes les parties de la fleur sont comestibles. Il ne faut pas consommer les fleurs qui sentent l'ammoniaque, mais les boutons floraux qui sont encore enfermés dans la gaine du pétiole. Ils se cuisent comme un légume, à la vapeur ou à l'eau, pendant quelques minutes. Les tiges dégagent, une fois coupées, une odeur de mandarine et servent pour aromatiser la bière. Les feuilles jeunes peuvent se manger en salade, puis cuites comme les épinards. Les fruits sont un excellent condiment avec les céréales, ainsi que les racines. La plante contient une huile essentielle et sa racine renfermerait une substance proche de l'hormone masculine. Elle est digestive et sédative. On a trouvé dans ses racines du psoralène, une substance qui est utilisée contre les maladies du sang et de la peau. La berce du Caucase (H. mantegazzianum), plus virulente que les autres espèces, provoque au toucher des irritations de la peau.*

Berce à larges feuilles
Sium latifolium,
ombellifères
Plante vivace de 0,80 à 1,50 m formant une touffe de feuilles vert clair et des ombelles de fleurs blanches de juillet à septembre.
Plantation : en sol très humide, non acide, à 30-40 cm d'intervalle.
Entretien : plante facile à cultiver.
Utilisations : *plante médicinale, apéritive et antiscorbutique.*

Consoude
Symphytum officinale, **boraginacées**
Grande plante vivace herbacée de 1,20 m couverte de poils rudes. Les fleurs tubuleuses élargies en cloche à leur extrémité, groupées en cyme, jaunâtres, violet-pourpre ou rosées, s'épanouissent à la fin du printemps.
Plantation : en octobre ou en mars, dans une bonne terre de jardin, à exposition ensoleillée ou à mi-ombre.
Entretien : rabattez les tiges au ras du sol après la floraison.
Utilisations : *les jeunes feuilles sont piquantes et fraîches : elles peuvent être coupées en lamelles dans les salades ou cuites en beignets. Les fleurs se mangent en salade. Faites attention à ne pas consommer une trop grande quantité de feuilles qui sont riches en protéines complètes et en vitamine B12. Évitez également de consommer la racine qui renferme du mucilage de tanin, de l'allantoïne et un alcaloïde. La plante est émolliente, astringente, expectorante. Elle contient de nombreux minéraux qui aident au rétablissement des fractures : calcium, potassium, phosphore. Vous pouvez utiliser les feuilles dans votre compost au jardin : elles procurent un bon engrais.*

Géranium des marais
Geranium palustre, **géraniacées**
Plante vivace de 20 à 40 cm à feuilles dentées et à jolies fleurs pourpres qui s'épanouissent de juin à août sur des tiges d'une longueur de 80 cm.
Plantation : entre septembre et mars, sur les rives humides ou les terres fraîches et humides, en situation bien ensoleillée.
Entretien : enrichissez le sol avec un peu de terreau.
Utilisations : *fleurs et feuilles sont utilisées en infusion dans des tisanes ou dans diverses boissons.*

Aster mauve, *Aster novi-belgii*

Hedychium maximum, zingibéracées
Plante vivace de plus de 1,50 m à magnifique floraison blanche très odorante, d'août à l'automne ; les fleurs se présentent en épis, comme de petits glaïeuls.
Plantation : en pot, au bord de l'eau, dans une terre riche, à mi-ombre.
Entretien : plante tropicale qui aime la chaleur. Rentrez les pots à l'automne.
Utilisations : *l'épi floral a une saveur proche de celle du gingembre, en moins prononcée. « Fleur épice » à utiliser dans les desserts lactés, les viandes douces en ragoût, les boissons, les tisanes, les sucres aromatisés, les confiseries, les thés...*

Hosta
Hosta plantaginea, **liliacées**
Plante vivace de 45 à 60 cm formant une touffe de feuilles cordiformes jaune-vert brillant de 45 cm de long d'où émergent, en août-septembre, des fleurs blanches en trompette, odorantes, portées par de longues tiges.
Plantation : d'octobre à mars, par beau temps, dans une terre humide et fraîche, au soleil ou à mi-ombre, à 60-75 cm d'intervalle.
Entretien : surveillez les limaces qui apprécient particulièrement cette plante. Rabattez les feuilles à la fin de l'automne. Enrichissez la terre de tourbe et de compost.
Utilisations : *de senteur délicate, feuilles et fleurs se mangent comme un légume, cuites à la vapeur ou fondues dans une poêle avec un peu de matière grasse. Les fleurs s'infusent dans le lait et l'eau. Elles parfument tisanes et thés, auxquels elles donnent une saveur aromatique florale. « Fleur condiment », l'hosta se confit également dans le vinaigre et s'associe aux salades vertes et aux vinaigrettes.*

Lysimaque ponctuée
Lysimachia punctata, **primulacées**
Plante vivace herbacée de 40 à 80 cm, à port touffu, produisant en été des grappes de fleurs jaunes.
Plantation : en automne ou au printemps, dans une terre fraîche très humide.
Entretien : enrichissez le sol.
Utilisations : *faites cuire feuilles et fleurs dans les soupes. Elles ont une senteur et une saveur printanières. La lysimaque rouge (Lythrum salicaria - salicaire) est utilisée en pharmacie : la plante entière est un désinfectant intestinal ; elle combat les maux de gorge.*

Menthe
Mentha 'Preslia Cervina', **labiées**
Plante vivace à feuillage décoratif et odorant. Floraison en septembre.
Plantation et entretien : Voir Menthe, *Mentha rotundifolia*.
Utilisations : *plante essentiellement décorative, au parfum plus léger que celui des autres menthes. On en fait un thé solaire comme avec la Menthe aquatique.*

Menthe poivrée
Mentha x piperita, **labiées**
Plante vivace à feuillage vert foncé, tige violacée et fleurs de couleur lilas.
Plantation et entretien : Voir Menthe, *Mentha rotundifolia*.
Utilisations : *plante utilisée comme condiment, dans les sauces, les liqueurs et les sirops. En infusion, elle lutte contre les crampes, la nervosité et le migraines. Elle est tonique, antipasmodique, stimulante et aphrodisiaque.*

Menthe
Mentha rotundifolia 'Variegata aquatica', **labiées**
Plante de rive vivace vigoureuse de 50 cm formant des feuilles bordées de blanc-crème et des bouquets de petites fleurs bleu ciel en été.
Plantation : en tout sol de jardin humide, au soleil ou à mi-ombre.
Entretien : plante envahissante. Cultivez-la en pots pour maîtriser sa croissance et son expansion.
Utilisations : *toutes les menthes renferment une huile essentielle. Les feuilles, très aromatiques et de saveur fraîche, sont un excellent condiment ou aromate ; on en fait des tisanes, des thés.*

Elles aromatisent les salades de fruits, les farces de viandes. Infusez les tiges fleuries dans les crèmes et dans l'eau. La plante est digestive, stomachique, carminative et antispasmodique.

Menthe aquatique
Mentha aquatica,
labiées
Plante vivace de 90 cm à tiges violacées, feuilles ovales vertes et fleurs en tête arrondie rose en été.
Plantation : en sol acide, mouillé, ou en pot, immergé à 15 cm de profondeur.
Entretien : plante utile pour stabiliser les berges d'une pièce d'eau, mais à surveiller car elle peut devenir envahissante.
Utilisations : *plante a l'odeur et saveur légères et agréables. Laissez macérer les fleurs dans un bocal rempli d'eau, bien fermé et mis au soleil, pour réaliser un thé solaire. Feuilles et fleurs parfument les boissons froides. La plante est tonique, émétique, astringente.*

Œnanthe
Œnanthe fistulosa,
Énothère, onagre,
ombellifères
Plante vivace de 40 à 60 cm à ombelles de fleurs blanc rosé, de juin à septembre.
Plantation : en pot immergé à 35 cm de profondeur, ou en terrain très humide.
Entretien : Facile.
Utilisations : *en tisanes. Plante diurétique.*

Populage des marais
Caltha palustris,
renonculacées
Plante vivace herbacée rustique de 30 à 35 cm. Feuilles rondes vert soutenu légèrement dentelées, à reflet pourpre. En avril-mai, fleurs en forme de coupe jaune clair à jaune d'or, étamines jaunes.

La variété 'Alba' à fleurs blanches fleurit plus tôt.
Plantation : de mars à septembre, en sol légèrement acide avec un volume important d'humus, ou en pot immergé à 15 cm de profondeur, au soleil ou à mi-ombre. Distance de plantation : 25 à 30 cm.
Entretien : maintenez la fraîcheur et une forte humidité. Coupez les parties fanées à la fin de l'été.
Utilisations : *les pétales s'emploient dans les omelettes, un peu comme le souci des champs (voir p. 151).*

Potentille ansérine
Potentilla anserina,
rosacées
Plante vivace de 10 à 20 cm à feuillage argenté et fleurs à cinq pétales blancs autour d'un cœur d'étamines jaunes. Après la floraison, la plante forme un tapis argenté.
Plantation, entretien, et utilisations : voir Potentille, *Potentilla fruticosa* 'Abbotswood', p. 91.

Preslia Preslia Cervina
Ludwigia clavellina,
Énothère, onagre,
onagracées
Plante vivace de grand développement, non rustique,

Menthe poivrée,
Mentha x piperita

mellifère et pollinifère. Fleurs jaune orangé, de juillet à octobre.
Plantation : dans une bonne terre de jardin.
Entretien : éliminez les fleurs fanées. La plante se ressème spontanément.
Utilisations : *« fleur salade » à saveur de miel, décorative dans les salades de fruits et les légumes grâce à sa couleur jaune éclatant. Parfume les boissons.*

Primevère
Primula beesiana,
primulacées
Plante vivace herbacée de 60 cm formant une rosette de feuilles vert clair ovales, oblongues et rugueuses. Fleurs de couleur pourpre-lilas, au cœur jaune, apparaissant en juin-juillet.
Plantation : distance de plantation : 20 à 30 cm. Voir Primevère de Chine, *Primula denticulata*, p. 46.
Entretien et utilisations : voir Primevère de Chine, *Primula denticulata*, p. 46.

Primevère
Primula bulleyana,
primulacées
Plante herbacée vivace de 50 à 70 cm, formant une rosette de feuilles vert foncé, oblongues et dentées, d'où émergent de nombreuses tiges. Fleurs d'un orange clair lumineux, en juin-juillet.
Plantation : distance de plantation : 20 à 30 cm. Voir Primevère de Chine, *Primula denticulata*, p. 46.
Entretien et utilisations : voir Primevère de Chine, *Primula denticulata*, p. 46.

Primevère
Primula florindae,
primulacées
Plante vivace de 40 à 70 cm portant des fleurs jaune citron en juillet-août.

Plantation, entretien et utilisations : voir Primevère de Chine, *Primula denticulata*, p. 46.

Primevère
Primula japonica,
primulacées
Plante vivace de 60 à 80 cm, à tiges florales. Décorative d'avril à octobre par son feuillage. Fleurs pourpres, roses ou blanches, d'avril à juin.
Plantation : au ras de l'eau.
Entretien et utilisations : voir Primevère de Chine, *Primula denticulata*, p. 46.

Primevère
Primula vialii,
primulacées
Plante vivace éphémère formant une touffe de feuilles lancéolées, vert pâle, légèrement farineuses. En juin-juillet, épis denses de fleurs lavande ; boutons et calice rouge écarlate. Hauteur : 30 cm, étalement : 20 à 30 cm.
Plantation, entretien et utilisations : voir Primevère de Chine, *Primula denticulata*, p. 46.

Reine des prés
Filipendula ulmaria,
rosacées
Plante vivace de 1 à 1,20 m, très gracieuse, à bouquets floraux ivoire de mai à juillet.
Plantation : en sol humide, au soleil ou à mi-ombre. Espèce spontanée sur les rives des cours d'eau et dans les prairies humides.
Entretien : par temps sec, craint le mildiou.
Utilisations : *fleurs à la délicieuse saveur d'anis, d'amande et de réglisse qui les destine aux desserts. Infusez les fleurs ou faites-les sécher et réduisez-les en poudre pour parfumer farines, pâtes à gâteau, crèmes, et tisanes diurétiques et antiseptiques.*

jardin secret

Je suis là à te parler,
Sans que tu me comprennes ;
Toi, seule éclose
En pleine neige

Rouge flamme !

Su Shi Su Dong-po (1035-1101)

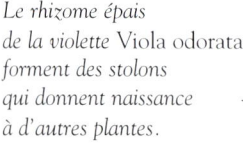

Protégé et secret, ce jardin change d'aspect à chaque saison (ici, au printemps.)

comment créer ce jardin ?

Abrité des regards et de l'agitation humaine, protégé par de beaux arbres, ce jardinet composé avec simplicité offre un havre de fraîcheur et de paix. Le sentier tracé depuis les terrasses qui le surplombent s'évanouit derrière le rideau du feuillage des bambous qui dissimule l'accès à la rue, fermé par une grille. La brise joue avec les feuilles des érables. La lumière multiplie l'éclat des feuillages qui vont du pourpre au vert le plus tendre. Bordé de pierres anciennes, le massif déborde de plantes aromatiques, de rosiers, de jolis arbustes aux parfums entêtants. À l'automne, les somptueux dahlias, les grands asters et les chrysanthèmes épanouiront leurs riches floraisons. Tout, ici, est propice au repos, à la contemplation, à la lecture. Chaque saison offrira ses splendeurs en son temps, et bien sûr le plaisir de jardiner pour contribuer à la croissance harmonieuse de toutes ces plantes. Tandis qu'en cuisine, comme un musicien ordonnant ses notes de musique, l'heureux propriétaire de ce jardin, objet de tous ses soins, pourra élaborer des recettes « végétales », odes à la nature et aux joies de la gourmandise !

COMMENT CRÉER CE JARDIN ?

Le massif est implanté au fond d'un grand jardin agencé en terrasses successives, sur une surface assez réduite de 40 m².

Un bouquet d'érables ponctue l'espace et offre un ombrage pendant les heures les plus chaudes de la journée. Le jardin bénéficie d'une exposition sud-ouest.

Le parti pris paysager est celui d'un tracé simple. Dès l'entrée, l'accès au jardinet est signifié par un arceau couvert de glycine, de jasmin et de chèvrefeuille auxquels se mêlent deux rosiers buissons et que prolonge une eupatoire, vivace arbustive au feuillage pourpre.

Au premier plan dominent le rose, le blanc et le bleu avec des iris bleus, des impatiens rose pâle, le céanothe et ses fleurs bleu ciel, les roses au coloris frais d'une matinée qui s'éveille.

Le rhizome épais de la violette Viola odorata *forment des stolons qui donnent naissance à d'autres plantes.*

Myosotis, Myosotis alpestris *'Boule Bleue'*.

En bas : Jardin secret en été. Sveltesse des bambous, fleurs papillons de la lavatère, mousse rose des astilbes, élégance bleue du céanothe…

Quelles fleurs choisir ?
Le massif de printemps

• Au pied du bouquet d'érables, encore nus en ce début de printemps, nous avons installé un seringat à fleurs simples, virginales et odorantes, complété par un rosier 'Clair matin', des phlox roses et des campanules hautes à fleurs bleues. Au fond, le céanothe 'Gloire de Versailles' offre la beauté de son feuillage vert profond.

• Le sédum au feuillage vert amande fleurira à la fin de l'été ; les pavots de Californie et leurs tons

L'arrière-plan est constitué par le bouquet d'érables qui était déjà implanté ; il peut être remplacé par un autre arbre au feuillage plus léger. Un petit rosier à fleurs rouge soutenu et une lavatère à fleurs blanches ornent le sentier à ce niveau. Ils fleuriront du printemps jusqu'à la fin de l'été. Ils avivent le feuillage pourpre de l'arbuste proche. Les petites plantes aromatiques et les annuelles couvrent les pierres qui bordent le massif.

Six bambous au feuillage fin ferment avec légèreté la scène.

Un sentier a été dessiné qui contourne les trois quarts du jardinet.

La composition minérale

Des pierres anciennes d'Île-de-France ont été récupérées pour border le massif. Les accessoires sont choisis dans des matériaux naturels, tels que le bois et l'osier, pour s'accorder à la campagne environnante.

Pour former le massif, en surplomb par rapport au sentier, 3 m^3 de terre de jardin ont été apportés. Il faut y ajouter quatre grands sacs de terreau de plantation pour nourrir la terre et, pour la plantation des rosiers, un grand sac de fumier bien décomposé.

La Capucine, C. tropaeolum minus, belle à croquer…

Double page suivante : Dahlias et roses se mêlent aux feuillages d'automne. Un effet de perspective est créé par une petite table et une chaise de repos disposées sur la pelouse.

ensoleillés, les violettes, les myosotis, les pensées, seront remplacés dans leur floraison par des œillets et les géraniums vivaces. Des hémérocalles jaune pâle, le lin aux jolies fleurs bleues qui avivent le coloris des roses, les astilbes aux fleurs roses et pourpres créent autant de taches colorées.

• L'arrière-plan droit du massif est défini par un genêt à balai et des fenouils.

• L'arceau, qui n'est pas visible sur la photo, est garni d'une glycine de Chine à fleurs bleues, d'un jasmin officinal et d'un chèvrefeuille au délicat coloris blanc et jaune. Leurs floraisons s'épanouiront dès le mois de mai jusqu'à la fin de l'été. En prévision de l'automne, nous avons déjà planté les tubercules des dahlias.

Le jardinet en été

• À l'arrière-plan, devant les bambous, le céanothe 'Gloire de Versailles' épanouit ses fleurs d'un bleu ensoleillé ; il voisine avec la lavatère 'The Barnsley', avec six élégantes astilbes aux plumets mousseux rose pâle et rouge fuchsia cramoisi, trois fenouils et leurs ombelles jaunes odorantes, et les hautes campanules bleues.

• À l'opposé, la masse des asters, qui ne sont pas encore fleuris, s'appuie sur une eupatoire (*Eupatorium rugosum*) au feuillage chocolat, assez sombre. Cet ensemble est réveillé par 'Gold Glow', vigoureux rosier buisson aux fleurs jaune d'or, et 'Épidor' qui possède de majestueuses fleurs jaunes au parfum très frais.

• Le rosier buisson 'Vierge folle' développe tout l'été ses fleurs groupées d'un blanc très pur avec un cœur d'étamines dorées, sur fond de feuillage vert foncé brillant. Ce rosier s'associe merveilleusement avec les vivaces ses voisines.

• Garnissant tous les espaces et s'agençant autour des arbustes, vivaces et annuelles occupent chacune leur place : les soucis, les sédums qui fleuriront bientôt, le mélange aux couleurs chaudes des hémérocalles, la centaurée *Centaurea montana* à fleurs d'un bleu profond, le feuillage de la pivoine 'Festiva', le pavot d'Islande et ses corolles semblables aux plus riches soieries. Les aromates sont ici représentés par l'hysope, le basilic citron, la lavande sur tige. Plus élégant, un hosta 'Krossa Regal' fait admirer son feuillage vert bleuâtre.

• Les vivaces basses sont plantées dans la rocaille. Symphonie de tons bleu, rose, violet, lilas, rose avec le *Geranium sanguineum* rose, le *Geranium cinereum* 'Ballerina', les œillets de Chine rose, blanc et rouge auxquels répond une véritable collection de campanules : *Campanula poscharskyana* aux clochettes blanches, la même dans sa variété avec des clochettes violettes,

la campanule des Carpates et ses clochettes rondes bleu ciel. Complétant l'ensemble, les petites pervenches rampantes au feuillage persistant et aux fleurs bleues, les capucines naines, les violettes blanches et, comme une touche de soleil, les fleurs de la courgette Tarmino.

• L'arceau est garni du chèvrefeuille 'Hall's Prolific' aux fleurs bicolores jaune pâle et blanc, très parfumées, et du jasmin officinal aux fleurs d'un blanc pur. Associé à ces plantes grimpantes odorantes, le rosier 'César' mérite bien son nom pour imposer ses bouquets roses, frisés de blanc, au parfum léger. Ses 2 mètres suffisent à garnir le montant de l'arceau.

• Proche, le rosier 'Clair matin', aux fleurs d'un rose pâle léger, si gracieux, fleurit en compagnie du rosier 'White Perfection' et du rosier 'Honoré de Balzac'.

• Le long du sentier, à côté du fauteuil, le petit rosier 'Tino Rossi' Meicelna aux charmantes roses rouges, bien turbinées, exhale son puissant parfum près d'un buddleia aux grappes bleues qui flirtent avec les papillons, et d'impatiens blanc et rose.

• Dans une écorce, 'Nicolo Paganini' prospère gentiment et épanouira ses roses rouges jusqu'aux gelées. En prévision de l'automne, nous avons déjà installé les asters d'automne avec les sédums, et quelques chrysanthèmes.

Les fleurs de l'automne

• Déjà implantés, les *Sedum sieboldii* offrent leurs généreuses et spectaculaires inflorescences de couleur rose pâle. Les rosiers remontants consentent à nous offrir quelques roses encore, qui apportent une élégante touche de jaune et de rose.

Dahlia sulfura *jaune.*
Imaginez cette fleur cuite
en beignet…

Page de gauche : Dahlia,
D. semi-cactus 'Danny'.

quelles fleurs choisir ?

• Les astilbes ont disparu, ce sont les grands dahlias qui occupent le terrain : le dahlia 'Danny' semi-cactus à pétales roses (ses fleurs sont doubles avec des fleurons rayonnants pointus, légèrement tuyautés) ; le dahlia pompon géant 'Marie Françoise', à fleurs roses doubles de forme sphérique (les fleurons rayonnants s'incurvent vers l'intérieur avec des pointes cassées, arrondies, disposées en spirale) ; le dahlia pompon miniature 'Doris Duke' (qui mesure cependant plus de 1 m), aux fleurs blanc-rose et, au premier plan, un dahlia pompon miniature aux pétales blanc-crème, illuminés de jaune d'or.

• Appuyés contre les grands dahlias, les chrysanthèmes d'automne : 'White Bouquet', type pompon avec des fleurs blanches doubles et un cœur jaune ; *Chrysanthemum rubellum*, ou marguerite d'automne ; un chrysanthème des fleuristes aux fleurs doubles de type alvéolé, rose soutenu avec un cœur jaune vieil or ; le chrysanthème des fleuristes 'Brasier' à grosses têtes bordeaux et or, délicieux en cuisine.

• Enfin, les grands Aster *novi-belgii* 'Marie Ballard', aux fleurs simples bleu ciel, voisinent avec un aster d'automne plus petit (90 cm), aux fleurs simples rose soutenu et cœur jaune.

Brasier dans une soupe

pour 6 personnes
préparation : 15 minutes
cuisson : 10 minutes

1 fleur du chrysanthème 'Brasier'
2 pommes de terre
1 gros oignon
1 bulbe de fenouil
2 cubes de concentré de volaille
1 cuillerée à soupe de gros sel

1 Faites chauffer 1/2 litre d'eau et laissez fondre les cubes de concentré de volaille. Mettez hors du feu.
2 Lavez le chrysanthème et détachez les pétales. Gardez-en quelques-uns pour la décoration et plongez le reste dans le bouillon. Ajoutez le gros sel.
3 Épluchez les pommes de terre, lavez-les et coupez-les dés.
4 Pelez l'oignon et hachez-le finement.
5 Lavez le fenouil, débarrassez-le de sa racine et taillez-le en petits morceaux.
6 Mettez tous ces ingrédients dans le bouillon. Laissez cuire pendant 8 à 10 minutes après la reprise de l'ébullition.
7 Mixez la soupe et servez-la bien chaude, décorée des pétales réservés.

Le chrysanthème 'Brasier' fleurit fin octobre. Cultivé en serre, il produit quatre grosses têtes de couleur bordeaux avec des revers or. Les pétales sont incurvés (vers l'intérieur). Après votre achat en jardinerie, il faut le laisser à l'extérieur pendant 8 jours au moins afin que la pluie élimine les engrais et les traitements divers.

Gratin de sédum aux pétales de souci

pour 6 personnes
préparation : 20 minutes
cuisson : 20 minutes

500 g de sédum (feuilles et fleurs)
6 capitules de souci
1 bouquet de persil
125 g de lardons fumés
1 jaune d'œuf
125 g de parmesan râpé
80 g de crème fleurette
1 cuillerée à café de paprika
sel et poivre

1 *Préchauffez le four à 200 °C (th. 7).*
2 *Lavez les feuilles et les fleurs de sédum, réservez quelques fleurs, coupez les feuilles en tranches et faites cuire fleurs et feuilles à la vapeur pendant 5 minutes.*
3 *Faites revenir les lardons à la poêle sans matière grasse, saupoudrez-les de paprika, et ajouter le sédum cuit.*
4 *Délayez la crème fleurette dans le jaune d'œuf, salez et poivrez.*
5 *Disposez la préparation au sédum dans un plat à gratin. Répartissez la crème dans le plat. Parsemez de parmesan et mettez à gratiner au four pendant 15 minutes.*
6 *Lavez les capitules de souci et détachez les pétales. Lavez et hachez le persil. Rassemblez les pétales de souci, le persil et les petites fleurs de sédum réservées, puis dispersez ce mélange à la surface du gratin. Servez aussitôt.*

Gâteau aux pommes et au seringat

pour 6 à 8 personnes
préparation : 30 minutes
cuisson : 40 minutes

10 fleurs de seringat
1 rameau de thym frais
1 pomme
100 g de beurre
+ 1 noisette pour le moule
80 g de sucre en poudre
3 œufs
10 cl de lait entier
125 g de farine tamisée
1 sachet de levure à gâteau
1 cuillerée à soupe de Grand Marnier

1 *Préchauffez le four à 180 °C (th. 6).*
2 *Lavez les fleurs et détachez leurs pétales. Lavez le thym et hachez-le. Pelez la pomme et détaillez-la en petits cubes.*
3 *Faites ramollir le beurre et amalgamez-le au sucre. Ajoutez un à un les œufs en battant le mélange au fouet. Incorporez peu à peu la farine, puis le lait. Continuez à fouetter la pâte et ajoutez la levure, la pomme, les pétales de fleurs, le thym et le Grand Marnier.*
4 *Beurrez un moule à gâteau rond ou un moule à cake et versez la pâte. Faites cuire à four chaud pendant 40 minutes.*
5 *Démoulez le gâteau et laissez-le refroidir.*

Pavé de mars au marron

pour 6 personnes
préparation : 40 minutes
macération : 30 minutes
repos : 1 nuit

1 bouquet de violettes
400 g de chocolat pâtissier à 70 % de cacao
3 bocaux de marrons cuits
220 g de beurre
1 verre à liqueur de Grand Marnier
1/2 litre de lait
2 jaunes d'œufs
300 g de sucre glace
20 gouttes d'arôme de violette
1 gousse de vanille
2 pincées de sel

1 *La veille, supprimez les queues des violettes et celles des feuilles. Lavez-les et égouttez-les. Réservez quelques fleurs que vous cristalliserez pour la décoration (voir recette p. 24).*
2 *Faites chauffer le lait avec la gousse de vanille. Plongez les violettes dans le lait chaud. Ajoutez les marrons et le sel, et laissez macérer pendant 30 minutes.*
3 *Jetez la gousse de vanille, égouttez les marrons et les violettes et réservez le lait. Réduisez les marrons et les fleurs en purée avec un robot ; si nécessaire, ajoutez un peu de lait pour ramollir la purée et la rendre homogène.*
4 *Faites fondre 200 g de chocolat avec une cuillerée à soupe d'eau, puis ajoutez les jaunes d'œufs. Réduisez 100 g de beurre en pommade.*
5 *Ajoutez à la purée de marron, le beurre, le chocolat fondu et vingt gouttes d'arôme de violette. Versez le Grand Marnier. Mélangez et battez la préparation avec un fouet pour obtenir une pâte lisse et onctueuse.*
6 *Beurrez un moule à cake et versez la pâte. Mettez au réfrigérateur.*
7 *Le lendemain, démoulez le pavé en mettant le moule dans l'eau chaude pendant 20 secondes.*
8 *Faites fondre le reste du chocolat avec une cuillerée à soupe d'eau, le sucre glace et le reste de beurre en remuant avec une cuiller en bois. Laissez refroidir ce glaçage, puis nappez-en le pavé à l'aide d'un couteau. Décorez avec quelques violettes cristallisées.*

pour 6 à 8 personnes
préparation : 20 minutes
trempage : 30 minutes
cuisson : 30 minutes

15 pétales d'une rose parfumée
1 inflorescence de lavande
150 g de framboises
2 poires
100 g de raisins secs
3 jaunes d'œufs
1/2 litre de lait entier
150 g de sucre

Pudding aux fruits et fleurs

1 Rincez l'inflorescence de lavande sous l'eau du robinet.
2 Préchauffez le four à 180 °C (th. 6).
3 Faites tremper les raisins secs dans de l'eau tiède pendant 30 minutes, puis égouttez-le.
4 Pelez les poires et coupez la chair en petits morceaux. Lavez délicatement les framboises.
5 Lavez les pétales de rose et égouttez-les. Détachez les petites fleurs de lavande de la tige.
6 Dans une jatte, battez ensemble les jaunes d'œufs, le sucre et le lait.
7 Égouttez les raisins, puis mélangez les fruits, les raisins, les pétales de rose et mettez ces ingrédients dans un plat allant au four. Versez dessus la préparation au lait.
8 Faites cuire au four pendant 30 minutes environ.

pour 3 personnes
préparation : 10 minutes
macération : 12 heures

1 fleur de lis
1 rameau de marjolaine
1 fleur de nepeta
2 pamplemousses
1 cuillerée à soupe de poudre d'amandes
1 cuillerée à café de cannelle
1 bâton de réglisse
1 cuillerée à soupe de sirop d'anis
100 g de sucre de canne

Floralys, cocktail de fleurs

1 Pressez les pamplemousses.
2 Lavez les fleurs et faites-les macérer dans le jus de pamplemousse avec la réglisse et la cannelle pendant 12 heures.
3 Filtrez le jus et ajoutez la poudre d'amandes, le sucre et le sirop d'anis. Mélangez bien.
4 Mettez au réfrigérateur jusqu'au moment de servir.

Sucre parfumé à l'œillet

préparation : 5 minutes
repos : 2 jours

4 fleurs d'œillet très parfumé
250 g de sucre

1 Lavez et égouttez les fleurs sur du papier absorbant. Éliminez leur pédoncule.
2 Mélangez délicatement les fleurs au sucre et enfermez ce mélange dans un sac en plastique ou une étoffe au tissage bien serré. Fermez le sac et placez-le dans un endroit frais et sec pendant 2 jours.
3 Éliminez les fleurs avant de vous servir du sucre. Conservez-le dans un bocal fermant hermétiquement.

Mariage d'œillet et de cerises

pour 6 personnes
préparation : 40 minutes
refroidissement : 1 heure

1 œillet de Chine
1 kg de cerises bigarreaux
1 citron
80 g de sucre semoule parfumé à l'œillet
10 g de pâte de noix de coco

1 Lavez et dénoyautez les cerises.
2 Lavez l'œillet et détachez les pétales. Mélangez-les aux cerises.
3 Exprimez le jus du citron. Dissolvez la pâte de noix de coco dans ce jus.
4 Versez le sucre sur les cerises sans mélanger, puis versez le jus de citron à la noix de coco. Remuez les cerises avec précaution.
5 Couvrez le récipient et mettez-le au réfrigérateur pendant 1 heure.
6 Servez les cerises bien fraîches dans des coupes individuelles.

les plantes du jardin secret

Plantations d'automne pour les floraisons de printemps et d'été

Anthémis
Anthemis, **composées**
Plante annuelle ou vivace cultivée pour ses fleurs blanches ou jaunes en forme de marguerite s'épanouissant en fin de printemps et en été. Feuillage découpé gris-vert.
Plantation, entretien et utilisations : voir Anthémis, *Anthemis punctata cupaniana*, p. 44.

Aster
Aster novi-belgii 'Marie Ballard', **composées**
Plante vivace de 0,80 à 1 m à feuilles lancéolées vert moyen et fleurs doubles bleu clair apparaissant en fin d'été, de septembre à mars.
Plantation : entre octobre et mars, dans une bonne terre de jardin bien drainée.
Entretien : tuteurez les plantes très vigoureuses. Racines traçantes.

Chrysanthème des fleuristes, *Chrysanthemum* 'Brasier'

Utilisations : voir Aster, *Aster dumosus* 'Lady in Blue', A. 'Kippenberg', p. 47.

Aster d'automne
Aster 'Autumn Wonder', **composées**
Plante vivace de 0,80 à 1 m, très rustique, à fleurs rose-mauve en forme de marguerite.
Plantation, entretien et utilisations : voir Aster, *Aster dumosus* 'Lady in Blue', A. 'Kippenberg', p. 47.

Astilbe
Astilbe arendsii 'Etna', **saxifragacées**
Plante vivace de 60 à 70 cm à feuillage vert profond et panicules pyramidales de 35 cm, composées de toutes petites fleurs roses. La variété 'Etna', qui apprécie l'ombre ou la mi-ombre, a des fleurs en plumeau rouge qui fleurissent en juin-juillet.
Plantation : dans une terre fraîche, au soleil ou à mi-ombre. Multiplication par division des touffes en automne ou au printemps. Distance de plantation : 30 à 40 cm.
Entretien : arrosez abondamment par temps chaud, car cette plante redoute la sécheresse. Couvrez-la de tourbe pour maintenir l'humidité. Vaporisez le feuillage.
Utilisations : fleurs au goût miellé. Ajoutez-les dans la farine des gâteaux et du pain, dans les crèmes.

Astilbe
Astilbe arendsii 'Bressinghambeauty', **saxifragacées**
Plante vivace haute, de 0,80 à 1 m, aux panicules rose pâle. Floraison en juin-juillet.
Plantation, entretien et utilisations : voir Astilbe, *A. arendsii* 'Etna'.

Astilbe
Astilbe chinensis pumila, **saxifragacées**
Voir p. 125.

Buddleia
Buddleia 'Lochinch', **loganiacées**
Arbre aux papillons. Arbuste de 2 m, à feuillage caduc et fleurs bleues en bouquets allongés, s'épanouissant de juillet à septembre.
Plantation : au printemps ou en octobre-novembre, dans toute terre de jardin, de préférence argileuse.
Entretien : éliminez les fleurs fanées.
Utilisations : plante mellifère, au parfum de miel. Faites infuser les fleurs dans le lait chaud pour confectionner des glaces, des sorbets, des entremets lactés et sucrés.

Campanule des Carpates
Campanula carpatica, **campanulacées**
Voir p. 46.

Céanothe
Ceanothus 'Gloire de Versailles', **rhamnacées**
Arbuste rustique de 1,80 m et plus à feuillage caduc et fleurs en panicules bleu doux, parfumées, portées par de longues tiges.
Plantation : en septembre, avril ou mai, dans une bonne terre de jardin, légère.
Entretien : supporte une taille sévère au printemps.
Utilisations : « fleur dessert » au parfum et à la saveur de miel. Faites-la infuser dans le lait, mettez-la en contact avec le sucre pour le parfumer, ou parsemez-en les salades de fruits. On en fait aussi des infusions. Pendant la guerre de l'Indépendance américaine, on infusait les feuilles comme substitut du thé.

Céanothe
Ceanothus x *pallia*
'Perle rose',
rhamnacées
Arbuste feuillage vert, port érigé. Fleurs rose vif de juin à septembre.
Plantation, entretien et utilisations : voir Céanothe, *Ceanothus* 'Gloire de Versailles'.

Centaurée
Centaurea montana,
composées
Plante vivace de 45 cm formant un tapis de feuilles vert moyen sur lequel s'épanouissent à la fin du printemps des fleurs bleues, violettes, roses ou blanches.
Plantation, entretien et utilisations : voir Centaurée, *Centaurea dealbata* 'Steenbergii', p. 46.

Fenouil
Foeniculum vulgare,
ombellifères
Voir p. 69.

Genêt à balai
Sarothamnus scoparius,
Cytisus scoparius,
C. Genista,
légumineuses
Arbrisseau de 15 à 90 cm et plus à feuillage caduc et fleurs jaune d'or en forme de pois, en juillet-août.
Plantation : en sol ordinaire, de préférence calcaire, au soleil, d'octobre à avril.
Entretien : ne tolère pas d'être transplanté. Ne taillez pas jusqu'au vieux bois. Ne mettez pas d'engrais.
Utilisations *: les fleurs parfument gratins et desserts, ou sont confites dans le vinaigre. La plante a des propriétés purgatives, diurétiques, légèrement cardiotoniques, antirhumatismales. Les tiges fleuries sont d'abord stimulantes mais peuvent ensuite provoquer un état de torpeur.*

Glycine
Wisteria,
légumineuses
Arbuste grimpant vigoureux pouvant atteindre 9 m, à fleurs bleu-violet, parfois blanches, très parfumées, au printemps ou en été.
Plantation : cultivée au jardin, elle se contente d'une terre ordinaire. En pot, elle se plante entre octobre et mars près d'une baie ou d'une porte-fenêtre.
Entretien : fixez ses branches sur un treillage ou au mur pour la maintenir. Les fleurs craignent les gelées matinales.
Utilisations *: les fleurs au parfum sucré, fumé, musqué, offrent une saveur plus atténuée, agréable dans les beignets salés, les farces d'avocat, les gratins, certains desserts sucrés et acidulés.*

Hosta
Hosta 'Krossa Regal',
H. plantaginea, *Funkia alba*,
liliacées
Plante vivace de 30 cm à feuillage vert et fleurs blanches en été et au début de l'automne.
Plantation, entretien et utilisations : voir Hosta, *Hosta plantaginea*, p. 126.

Rosier, *Rosa* 'Vierge Folle'

Lavatère
Lavatera thuringiaca
'The Barnsley',
malvacées
Arbuste rustique de 1 à 1,50 m, vigoureux et florifère. Feuillage abondant, fleurs estivales blanches à cœur rose pourpré, virant au rose en cours de floraison.
Plantation : à l'automne ou au printemps, dans tout sol bien drainé, au soleil.
Entretien : rabattez les tiges au ras du sol en février-mars. Protégez le pied en hiver dans les régions froides.
Utilisations *: les fleurs sont très décoratives dans les salades et douces au palais.*

Pâquerette
Bellis perennis
'Monstrosa',
composées
Plante vivace cultivée en bisannuelle, de 12 à 15 cm, formant une rosette de feuilles. Variété à grandes fleurs doubles de divers coloris, de mars à juin.
Plantation, entretien et utilisations : voir Pâquerette, *Bellis monstrosa*, p. 45.

Pensée
Viola x *wittrockiana*,
violacées
Vivace fleurissant de mars à août dans de nombreux coloris. Il existe des variétés à floraison hivernale.
Plantation : en septembre, octobre, mars ou avril, en terreau frais et bien drainé. Placez le pot au soleil.
Entretien : coupez les fleurs fanées régulièrement pour favoriser la floraison suivante.
Utilisations *: plante à saveur douce, légèrement sucrée, peu aromatique. Introduisez-la hachée dans les farces pour les œufs, décorez-en vos salades. Elle est utilisée pour ses vertus dépuratives, laxatives, diurétiques, antirhumatismales.*

Rosier, *Rosa centifolia variegata*

Pervenche
Vinca minor,
apocynacées
Sous-arbrisseau rampant à feuillage persistant et fleurs bleues en étoile, qui s'épanouissent de mars à avril, puis de façon sporadique jusqu'en octobre.
Plantation : entre septembre et mars, en sol ordinaire bien drainé.
Entretien : plante de culture facile, à multiplier par boutures.
Utilisations *: la plante, sans parfum ni saveur particuliers, figure dans la pharmacopée pour ses bienfaits. Les feuilles sont toniques, astringentes, les fleurs laxatives.*

Phlox
Phlox paniculata,
polémoniacées
Plante vivace herbacée, rustique, de 0,50 à 1 m, à fleurs roses, parfumées et denses, de juillet à septembre.
Plantation : en octobre ou au printemps, dans un sol fertile et frais, bien drainé, à mi-ombre ou au soleil.
Entretien : coupez les fleurs fanées. Enrichissez la terre tous les 2 mois pendant la période de floraison.

Le phlox reste beau le temps de sa floraison. Arrosez beaucoup en période sèche.
Utilisations : *fleurs au doux parfum de miel, à la saveur de noix. Croquez-les sous la dent car elles ne résistent pas à la cuisson. Ajoutez-les aux salades vertes et aux salades de fruits.*

Pivoine
Paeonia maxima 'Festiva', **paeoniacées**
Plante vivace herbacée de 60 cm à fleurs doubles blanc rosé s'épanouissant en juin.
Plantation, entretien et utilisations : voir Pivoine de Chine, *Paeonia lactiflora*, p. 46.

Violette
Viola odorata 'Alba', **violacées**
Plante vivace à rhizome de 10 à 15 cm, à feuilles semi-persistantes et fleurs blanches, légèrement parfumées, de fin avril à septembre.
Plantation, entretien et utilisations : voir Violette odorante, *Viola odorata*, p. 89.

PLANTATIONS DE PRINTEMPS POUR LES FLORAISONS D'ÉTÉ ET D'AUTOMNE

Basilic citron
Ocimum basilicum citriodorum, **labiées**
Plante annuelle aromatique de 60 cm à feuilles vertes ovales ou elliptiques et fleurs blanches à la fin de l'été.
Plantation : en sol bien drainé et riche, au soleil.
Entretien : arrosez par temps sec, mais laissez la terre se dessécher entre deux arrosages. Désherbez régulièrement.

Rosier, *Rosa* 'Épidor Belépi' Delbard

Utilisations : *herbe aromatique parfumée rappelant la réglisse, le jasmin, le limore oriental (également appelé citron-gallet) et le girofle. Les feuilles sont délicieuses, fraîches ou séchées, dans les sauces et le minestrone, avec le poulet, les pâtes, les farces de viande, les crudités et les tomates.*

On en fait aussi des infusions calmantes, aphrodisiaques et toniques. Elles doivent cependant être consommées avec modération car le basilic stimulerait les sécrétions hypophysaires. L'huile essentielle est déconseillée pour les peaux sensibles ; elle peut provoquer des irritations.

Campanule
Campanula poscharskyana, **campanulacées**
Plante vivace à feuilles vert moyen et panicules de fleurs en étoile, blanches ou violettes, apparaissant en été et en automne. Hauteur : 30 cm, étalement : 60 à 90 cm.
Plantation, entretien et utilisations : voir Campanule des Carpates, *Campanula carpatica*, p. 46.

Chèvrefeuille
Lonicera japonica 'Hall's Prolific', **caprifoliacées**
Plante grimpante d'une hauteur de 6 m et plus à feuillage persistant les hivers doux, et fleurs blanc et jaune pâle, de juin à octobre.
Plantation : toute l'année dans une terre de jardin meuble bien drainée. À la plantation, ajoutez du fumier décomposé mélangé à du terreau.
Entretien et utilisations : voir Chèvrefeuille, *Lonicera* x *heckrottii* 'Gold Flame', p. 44.

Chrysanthème des fleuristes
Chrysanthemum 'Brasier', **composées**
Plante vivace de 40 cm formant quatre grosses fleurs aux pétales récurvés, couleur bordeaux, avec revers or. Floraison fin octobre début novembre.
Plantation et entretien : voir Chrysanthème des fleuristes, *Chrysanthemum* type simple 'Rebecca', p. 91.
Utilisations : *forte odeur condimentaire et saveur rappelant celle de la viande fumée. La fleur entière est excellente dans une soupe, avec des pommes de terre, du fenouil, des oignons. Les pétales s'utilisent dans les sauces salées et les vinaigrettes.*

Courgette
Cucurbita pepo, hybride Tarmino, **cucurbitacées**
Plante annuelle rampante à grandes feuilles poilues, lobées, et fleurs jaune d'or donnant des fruits fins, vert foncé.
Plantation : en mai, dans une terre riche de jardin.
Entretien : cueillez les fleurs le matin avant l'apparition du soleil.

Œillet de Chine, *Dianthus chinensis*

Utilisations : *les fleurs ont une délicieuse saveur, douce et sucrée. On les consomme frites, en beignets, en gratin, dans le pain, farcies.*

Eupatoire
Eupatorium rugosum, **composées**
Plante vivace de 0,50 à 1 m, à feuillage couleur chocolat et petites fleurs blanches à partir du milieu de l'été.
Plantation : à l'automne ou au printemps, dans un sol frais, en situation ombragée ou mi-ensoleillée. Distance de plantation : 1 m.

Entretien : arrosez par temps sec.
Utilisations : *faible odeur de vanille et de pomme. Les feuilles se consomment en salade, en infusion dans le lait, ou macérées dans le sucre. Les petites fleurs parfument les salades de fruits. D'autres espèces auraient des vertus antitumorales. Le rhizome agit sur la fièvre, tandis*

que la variété E. purpureum est efficace contre les troubles urinaires et les rhumatismes.

Géranium
Geranium cinereum 'Ballerina', **géraniacées**
Plante vivace alpine de 10 à 15 cm, portant des feuilles gris argenté et des fleurs abondantes, pourpre-magenta, de mai à octobre.
Plantation : en mars, dans tout terrain ensoleillé.
Entretien : arrosez et fertilisez régulièrement

pendant la période de croissance.
Utilisations : *fleurs décoratives en salade. D'autres variétés de géraniums vivaces figurent en pharmacopée, tels G. maculatum ou G. robertianum.*

Géranium
Geranium sanguineum, **géraniacées**
Plante vivace basse tapissante de 15 à 30 cm portant de mai à septembre des fleurs rose-pourpre violacé.
Plantation, entretien et utilisations : voir Géranium, *Geranium cinereum* 'Ballerina'.

Hémérocalle
Hemerocallis v. Daglilia, **liliacées**
Plante vivace très rustique formant une touffe de feuilles rubanées vert foncé de 80 cm d'où émergent de la fin du printemps à la fin de l'été des tiges nues portant des fleurs d'une grande diversité de formes et de couleurs.
Plantation : plantez les hémérocalles entre octobre et avril dans une bonne terre, en choisissant un endroit ensoleillé ou abrité, et ne les dérangez plus par la suite.
Entretien : rabattez les tiges après la floraison, presque au niveau du sol.
Utilisations : *les fleurs se consomment comme légume ou bien pour parfumer les salades. Elles offrent un très joli contenant que vous pourrez farcir de viande ou de purées. Pour les bienfaits, voir les autres liliacées, dont le lis blanc (p. 107).*

Impatiens
Impatiens hybride, *I. holstii x sultarii*, **balsaminacées**
Plante annuelle de 15 cm, non rustique, portant des fleurs simples roses, blanches…
Plantation, entretien et utilisation : voir Impatiens, *Impatiens* hybride, p. 67.

Jasmin officinal
Jasminum officinale, **oléacées**
Voir p. 90.

Œillet de Chine, *Dianthus* 'Fire Ball'

Lavande
Lavandula spica, **labiées**
Lavande greffée sur tige d'une hauteur de 80 cm. Feuillage finement découpé, d'un gris bleuté argenté très décoratif, aromatique. Fleurs bleu-gris de juillet à septembre-octobre.
Plantation : entre septembre et mars, en espaçant les sujets de 20 à 30 cm.
Entretien : coupez les fleurs fanées. En été, taillez légèrement. Rabattez sévèrement en mars-avril. Conservez les fleurs séchées. Récoltez-les dès que la couleur apparaît mais avant complet épanouissement. Suspendez les bouquets.
Utilisations : *fleurs à l'exquise senteur et à la saveur camphrée évoquant la coumarine. Utilisez-les, fraîches ou séchées, pour les glaces, sorbets, tisanes. Faites-les infuser dans du lait ou de l'eau, macérer dans les miels, sucres et thés. L'arôme culinaire parfume pâtes à gâteaux, confitures et compotes. L'essence florale est diurétique, sudorifique, antiseptique, calmante et relaxante ; elle régule le système nerveux.*

Lin
Linum, **linacées**
Plante annuelle, bisannuelle ou vivace cultivée pour ses fleurs généralement bleues, jaunes ou blanches, parfois roses ou rouges, s'épanouissant sur de longues périodes.
Plantation, entretien et utilisations : voir Lin, *Linum* 'Himmelszelt', p. 47.

Lis blanc
Lilium regale, **liliacées**
Voir p. 107.

Nepeta
Nepeta, **labiées**
Plante vivace, parfois annuelle, à fleurs bleues, très parfumées, s'épanouissant sur de longues périodes.
Plantation : dans une bonne terre de jardin. Placez le pot au soleil. Les nepetas s'associent bien aux rosiers.
Entretien : plantes qui aiment la lumière.
Utilisations : *fleurs mellifères et feuilles aromatiques, à odeur mentholée. Les jeunes feuilles parfument salades et viandes. Les fleurs et les feuilles de N. cataria (cataire), infusées, agissent sur les estomacs fatigués, contre la bronchite chronique et la fièvre.*

Œillet de Chine
Dianthus chinensis, **caryophyllacées**
Plante vivace éphémère de 25 cm à feuilles vert pâle ou vert franc, à fleurs roses, blanches ou rouges de juillet jusqu'aux premières gelées automnales.
Plantation : semez en mars à une température de 13 °C, dans une terre bien drainée, en site ensoleillé et chaud.
Entretien : protégez les touffes en hiver. Coupez les fleurs fanées pour soutenir la floraison. Évitez le dessèchement de la terre.
Utilisation : *les fleurs, au délicieux parfum, aromatisent lait, alcool, glaces, sorbets, sucre, miel, café et chocolat.*

Aster, *Aster novi-belgii* 'Marie Bellard'

Œillet de Chine
Dianthus 'Fire Ball', **caryophyllacées**
Plante vivace éphémère d'une hauteur de 25 cm, portant des fleurs doubles, d'un beau rouge cramoisi qui s'épanouissent en automne.

Plantation, entretien et utilisations : voir Œillet de Chine, *Dianthus chinensis*, p. 149.

Pavot de Californie
Eschscholzia californica, **papavéracées**
Annuelle ou vivace éphémère à feuillage plumeux et fleurs estivales aux pétales veloutés et orangés, qui restent fermées par mauvais temps.
Plantation : semez au jardin ou dans des pots remplis de terreau en avril-mai, lorsque la terre s'est réchauffée.
Entretien : plante très facile à cultiver, aimant le soleil et les terrains pauvres.
Utilisations : les feuilles ont une saveur douce, aromatique. La plante est utilisée pour calmer les troubles émotifs et comme tranquillisant. Il faut faire attention à ne pas en abuser.

Pavot d'Islande
Papaver nudicaule, **papavéracées**
Plante vivace souvent cultivée en annuelle, de 25 à 45 cm, portant de juin à août des fleurs parfumées, jaune et orange, à étamines jaunes.
Plantation, entretien et utilisations : voir Pavot des Alpes, *Papaver alpinum sendtneri*, p. 45.

Rosier
Rosa 'César', variété Meisardan, **rosacées**
Rosier grimpant de 2 m et plus à fleurs roses carmin en bouquets.
Plantation et entretien : voir Rosier, *Rosa* 'Cocktail', p. 47.
Utilisations : le léger parfum des fleurs convient à de nombreux desserts : crèmes, pétales cristallisés ou infusés dans le lait ou le sirop.

Rosier
Rosa 'Clair matin', variété Meimout, **rosacées**
Petit rosier grimpant, remontant, de 2 à 3 m, à fleurs groupées blanc rosé.
Plantation et entretien : voir Rosier, *Rosa* 'Cocktail', p. 47.
Utilisations : les fleurs parfument desserts et boissons.

Rosier
Rosa 'Concorde', variété Meireilbat, **rosacées**
Rosier buisson de 70 à 80 cm de hauteur à fleurs groupées, aux pétales doubles, rose nuancé de jaune au cœur de la rose, et à étamines jaunes.
Plantation et entretien : voir Rosier, *Rosa* 'Cocktail', p. 47.
Utilisations : fleur au léger parfum d'églantine, à associer à vos desserts, en salade de fruits par exemple, ou à utiliser en infusion dans le lait pour le parfumer.

Rosier
Rosa 'Épidor Belépi' Delbard, **rosacées**
Rosier buisson remontant à grandes fleurs jaune souffre lumineux au parfum très frais de citronnelle, de fane de carotte et de foin.
Plantation et entretien : voir Rosier, *Rosa* 'Cocktail', p. 47.
Utilisations : les pétales séchés, réduits en poudre, s'utilisent comme une épice aromatique. La saveur des fleurs convient aux salades vertes et de fruits, aux crèmes et sorbets.

Rosier
Rosa 'Eurostar' Poulred, **rosacées**
Rosier buisson à fleurs groupées de couleur jaune, parfumées. Fleur dessert
Plantation, entretien et utilisations : voir Rosier, *Rosa* 'Cocktail', p. 47.

Rosier
Rosa 'Gold Glow', création Mauryflor, **rosacées**
Voir p. 47.

Pensée, *Viola x wittrockiana*

Rosier
Rosa 'Honoré de Balzac', 'Meiparnin', **rosacées**
Rosier romantica de 1 à 1,20 m, à belles fleurs doubles d'un rose frais tirant sur le blanc.
Plantation et entretien : voir Rosier, *Rosa* 'Cocktail', p. 47.
Utilisations : parfum léger de pêche mûre. Associez les pétales aux desserts : infusion, macération dans le lait, pétales cristallisés.

Rosier
Rosa 'Nicolo Paganini', **rosacées**
Rosier de 70 à 80 cm à fleurs groupées rouge cardin. Floraison remontante, légèrement parfumée. Pour massifs et bordures.
Plantation et entretien : voir Rosier, *Rosa* 'Cocktail', p. 47.
Utilisations : les pétales, comestibles, sont décoratifs.

Rosier
Rosa 'Tino Rossi' variété Meicelna, **rosacées**
Rosier de 90 cm à 1 m à belles fleurs doubles bien turbinées, d'un rose tendre,

apparaissant de mai jusqu'aux gelées, et au parfum fruité puissant. Pour massifs, plates-bandes, et bouquets.
Plantation et entretien : voir Rosier, *Rosa* 'Cocktail', p. 47.
Utilisations : *Senteur et saveur idéales pour sirops, confitures, fruits, et farces de viande. Les pétales peuvent se cristalliser, s'infuser, ou macérer dans du lait, de l'eau, des sirops, de l'alcool.*

Rosier
Rosa centifolia variegata, **rosacées**
Rosier buisson remontant épineux. Fleurs blanc rosé très parfumées.
Plantation, entretien et utilisations : voir Rosier 'Rosa Cocktail', p. 47.

Rosier
Rosa 'Vierge folle' Delvirge, **rosacées**
Voir p. 89.

Sédum
Sedum spectabile, S. sieboldii, **crassulacées**
Plante vivace rustique basse de 30 à 50 cm à larges feuilles caduques, ovales, vert glauque, et grosses fleurs rose pâle, ou d'un autre coloris, qui apparaissent de septembre à octobre-novembre.
Plantation : par beau temps entre octobre et avril, dans une bonne terre de jardin bien drainée, en situation ensoleillée.
Entretien : en mars-avril, prélevez des boutures de 5 à 6 cm ; elles s'enracinent bien.
Utilisations : *feuilles au goût acidulé à consommer comme légume, cuites à l'eau, à la vapeur ou dans les soupes. Utilisez les fleurs avec les légumes ou crues, en salade. Le sédum, riche en calcium, renferme de l'acide malique ; il favorise la cicatrisation.*

Dahlia, *Dahlia* 'Marie Françoise'

Seringat
Philadelphus, **saxifragacées**
Arbuste de 1 à 3 m, à feuillage caduc et fleurs simples blanches réunies en grappes, très odorantes.
Plantation, entretien et utilisations : voir Seringat, *Philadelphus coronarius*, P. 'Virginal', p. 89.

Souci
Calendula 'Juraçon', **composées**
Fleur à capitules jaunes, jaune orangé ou orange à cœur noir, d'avril à octobre.
Plantation : dans une bonne terre de jardin.
Entretien : évitez de laisser la terre se dessécher.
Utilisations : *« fleur légume ». Faites cuire les capitules en beignets, ajoutez les pétales aux omelettes, vinaigrettes, riz. Le souci a des vertus antiseptiques et antifongiques. C'est un stimulant pour le foie.*

Verveine
Verbena, **verbénacées**
Inflorescences blanches.
Plantation, entretien et utilisations : voir Verveine des jardins, *Verbena* x *hybrida* 'Compacta', p. 90.

PLANTATIONS D'ÉTÉ POUR LES FLORAISONS D'AUTOMNE

Bégonia
Begonia x *tuberhybrida,* **bégoniacées**
Bégonia tubéreux à cascades de fleurs rouge écarlate entre juin et septembre.
Plantation : mettez les tubercules en culture en pots, en mars-avril, en terreau léger.
Entretien : en novembre, rabattez la plante. Faites sécher les tubercules, hivernez-les à 10 °C dans un local sec. Ne vaporisez pas la plante pour ne pas pourrir le feuillage.
Utilisations : *« fleur condiment » et « fleur légume », à saveur acidulée et piquante, proche de celle de l'oseille. Cuisinez-le dans les soupes, les sauces au beurre, en beignets.*

Dahlia
Dahlia cultivar, **composées**
Dahlia pompon miniature, pouvant atteindre plus d'1 m, à fleurs blanches illuminées de jaune d'or, en août-septembre.
Plantation, entretien et utilisations : voir Dahlia, *Dahlia* 'Marie Françoise'.

Dahlia
Dahlia 'Doris Duke', **composées**
Dahlia pompon miniature ou Lilliput, d'une hauteur de 1 à 1,20 m, à fleurs blanc-rose.
Plantation, entretien et utilisations : voir Dahlia *Dahlia* 'Marie Françoise'.

Dahlia
Dahlia 'Marie Françoise', **composées**
Dahlia pompon géant, pouvant atteindre 1,50 m, à fleurs doubles roses, sphériques, dont les fleurons sont disposés en spirale.
Plantation : plantez les tubercules bourgeonnés début mai, dans une terre allégée avec tourbe, compost ou fumier décomposé, à l'air et au soleil.
Entretien : tuteurez les tiges sans serrer. Coupez les fleurs fanées. En automne, déterrez et entreposez les tubercules à l'envers, couverts de tourbe humide, à l'abri du gel.
Utilisations : *aucun dahlia n'a la même saveur. Les rouges sont des « fleurs condiment », les blancs et roses des « fleurs dessert ». Les jaunes font partie des deux familles. Utilisez les pétales dans les soupes, les beignets, les vinaigrettes, les sauces au fromage blanc, les mayonnaises, ou cristallisez-les.*

AROMATES ET CONDIMENTS

Marjolaine sauvage
Origanum vulgare, **labiées**
Voir p. 69.

Thym citronnelle
Thymus x *citriodorus variegatus,* **labiées**
Voir p. 69.

entretien des jardins et culture « bio »

Chacun souhaiterait consommer des légumes, des plantes potagères et des fleurs comestibles qui ne soient pas issus de sujets cultivés avec de nombreux engrais chimiques et traités avec des pesticides. Pourtant, passer de l'agriculture ou du jardinage conventionnel à un principe de culture biologique n'est pas une simple substitution d'engrais et de traitements : il s'agit d'une véritable philosophie qui repose sur un rapport différent de l'homme à la nature, et sur une meilleure connaissance du monde végétal.

La prise de conscience des problèmes de pollution de notre environnement ne peut que nous conduire à nous intéresser à ce mode de culture.

LES GRANDS PRINCIPES DE LA CULTURE « BIO »

Jardiner sans engrais chimiques

Pour enrichir périodiquement le sol, on peut utiliser soit des engrais verts (matières vivantes), soit des matières organiques en décomposition (fumier, compost). Les plantes qui fixent l'azote et qui sont recommandées pour fabriquer un engrais vert sont la fève (*Vicia faba*), le lupin (*Lupinus angustifolius*), la luzerne (*Medicago sativa*), la minette (*Medicago lupulina*), la vesce velue (*Vicia villosa*), le trèfle bâtard (*Trifolium hybridum*), le trèfle violet (*Trifolium pratense*) et la vigna (*Vigna unguiculata*).

Les engrais « bio » sont des pâtes liquides solubles utilisables dans les systèmes d'arrosages classiques ou automatiques. Ils se conservent 18 mois environ dans un abri de jardin, un sous-sol, une buanderie ou une cave, au frais et à l'abri du soleil.

Ne pas utiliser des déchets animaux

Beaucoup d'engrais « bio » sont aujourd'hui garantis sans produits d'origine bovine. Ils ne contiennent pas de déchets animaux. L'azote est fournie par les protéines issues de poisson, notamment le filet de cabillaud. Le phosphate est fourni par les laitances de poisson et le phosphate de Gafsa. Tous ces produits sont nobles.

Il existe d'autres engrais à base d'algues, de fumier, guano, poudre d'os « bio », marc de café, feuilles de thé... Il convient de leur adjoindre un complément minéral pour favoriser la vigueur des plantes. Si vous réalisez votre propre compost avec vos déchets de jardinage et ménagers, ajoutez du phosphore et les cendres de bois qui sont un complément en potassium. Vous trouverez dans le commerce des engrais biologiques composés dosés qui vous faciliteront la tâche.

L'agastache (ou hysope) était couramment cuisiné au Moyen Âge.

Assurer une bonne plantation

Il s'agit d'abord de préparer une terre appropriée à la nature des plantes, comme indiqué pour chaque jardin.

Ne plantez pas trop serré, afin de ne pas entraver la croissance des plantes. Lorsque la plante est dans son trou bien à l'aise, remplissez-le de terre. Les plantes en pots et en jardinière nécessitent des apports réguliers de compost en surface. Il faut l'incorporer à l'aide d'un petit outil à griffes. Un poudrage léger de lithothamne effectué chaque mois favorise le développement des feuilles.

Au jardin, les massifs doivent être amendés à l'automne et au début du printemps. Après la floraison des fleurs de printemps, un nouvel apport fin juin favorise une deuxième floraison, notamment celle des rosiers remontants.

La quantité d'engrais à appliquer se situe entre 5 et 10 litres d'engrais dilué par mètre carré. Un arbuste chétif réclame plus d'engrais que des plantes en très bonne santé, régulièrement entretenues. Les plantes en pots ou en jardinières demandent également davantage d'engrais que les cultures en pleine terre.

Ne pas utiliser de pesticides

La culture biologique privilégie la lutte contre les ravageurs par leurs ennemis naturels – à titre d'exemple, les coccinelles mangent les pucerons ; les hémérobes dévorent les chenilles, les perce-oreilles, les doryphores, les acariens, les punaises…

La plupart des insectes prédateurs ont besoin du nectar et du pollen des fleurs comme complément à leur nourriture. Il faut donc généraliser la culture des plantes mellifères.

Ces fleurs généreuses attirent les abeilles et les insectes prédateurs des pucerons et autres insectes nuisibles. De nombreuses plantes, souvent très odorantes, attirent les mangeurs d'aphidés (pucerons). Ainsi, le thym, la sarriette, le

La Sauge Salvia pasteur, *une Européenne parmi la fabuleuse famille des labiées.*

les grands principes de la culture « bio »

romarin, la menthe, le fenouil, la santoline, la fumeterre, le céleri, la ciboulette, le basilic, la coriandre, les fleurs du sureau, le souci, l'ortie blanche, la bourrache, la carotte, le maïs, la citronnelle, le pétunia, la sauge, la tanaisie, l'armoise, le raifort éloignent les insectes ennemis des plantes et limitent les maladies. N'oubliez pas de les planter dans les massifs et bordures de rosiers.

La capucine prévient l'apparition des pucerons lanigères : c'est d'abord elle qui est attaquée. Le persil repousse le puceron vert. L'ail est un bon défenseur des plantes sensibles. L'hysope, la luzerne, la moutarde, les chrysanthèmes, les roses d'Inde, toutes fleurs comestibles, attirent certains insectes pour lesquels elles sont une source de nourriture, et ainsi les détournent des autres plantes.

Plus il y a de plantes variées dans un jardin, plus on augmente le nombre de prédateurs utiles. Quant aux champignons parasites, le purin d'ortie chasse l'oïdium des rosiers. Vous le trouverez dans les boutiques spécialisées.

Semez du persil près des capucines (ici C. tropaleum minus) ; il éloignera les pucerons verts qui envahissent et détruisent cette fleur.

Fongicides autorisés dans la culture « bio »
Soufre : soufre naturel et trituré en poudre ou en pulvérisation contre l'oïdium.
Cuivre : sulfate sous forme de « bouillie bordelaise » à 2 % en pulvérisation contre le mildiou et à 1% contre la rouille.
Acétate, oxychlorure en pulvérisation et carbonate de cuivre réduit en poudre (CCD). (Joseph Pousset, *Fiches techniques de Nature et Progrès*).

Associer les plantes par affinités
Les plantes peuvent se défendre mutuellement. L'observation et l'étude dans ce domaine en sont encore à leurs débuts, mais il est certain que les plantes créent une synergie positive ou négative en fabriquant des toxines (allélopathie) pour se défendre. Certaines plantes en protègent d'autres et vont même jusqu'à améliorer leur saveur.

Voici quelques exemples :
Quelques bonnes associations pour les roses
Rose, carotte, tomate et ciboulette
Rose et rue
Rose, citronnelle et tomate
Rose, thym, santoline et romarin
Rose, rudbeckia et courge
Rose et persil

Les herbes salutaires dans un jardin
Ache de montagne (*Levisticum officinale*)
Achillée (*Achillea*)
Estragon (*Artemisia dracunculus*)
Hysope (*Hyssopus officinalis*)
Marjolaine (*Origanum majorana*)
Persil (*Petroselinum crispum*)
Thym (*Thymus*)

les grands principes de la culture « bio »

Les protections

• Limiter la croissance des mauvaises herbes : pour contenir leur développement, vous pouvez couvrir le sol en plantant sur tous les espaces libres, ou utiliser des écorces de pin ou de cacao qui maintiendront en outre l'humidité du sol. L'écorce de cacao nourrit la terre.

• Les barrières naturelles : près des plantations, une haie d'arbustes divers arrêtera les vents froids ou violents et maintiendra une ombre légère et de l'humidité pendant les moments chauds de la journée. Les haies d'arbustes font effet de paravent. Elles filtrent le vent, contrairement au mur qui, lui, modifie radicalement le climat ambiant devant lui. Elles ne doivent pas être trop compactes pour éviter la concentration du gel l'hiver.

• Les protections contre le gel : le gel est un grand danger pour les plantes à fleurs. Certaines ont besoin de protections complémentaires. Pensez à disposer un paillis naturel (paille, fougères, branchages, écorces) au pied des arbustes et des plantes fragiles et ne plantez pas d'espèces sensibles au froid sous les buissons.

• Les protections contre le soleil : le soleil brûle ou dessèche les plantes aux racines courtes, peu profondes. Il faut donc favoriser autour d'elles une ombre légère et clairsemée. Un arrosage au goutte-à-goutte leur est également favorable.

La cueillette

• La cueillette des fleurs : cueillez les fleurs au petit matin, avant la chaleur du jour et conservez une partie de leur tige. Placez-les dans une boîte ou dans un sachet en plastique dans le bac à légumes de votre réfrigérateur, de la même façon que les herbes aromatiques. Elles se garderont ainsi 6 à 7 jours. Vous les laverez avant de les consommer pour éliminer la poussière et d'éventuels petits insectes.

Pensée, Viola cornuta alba. Jouez avec les couleurs des pensées ou choisissez cette variété à la blancheur virginale.

La taille des arbustes et des rosiers

• Seringat, deutzia et jasmin ne se taillent pas.

• Rabattez la lavatère à 40 cm à la fin de l'automne.

• Éliminez à l'automne le bois mort des rosiers. Si vos rosiers buissons sont à l'abri, vous pouvez procéder à une taille fin novembre, par beau temps. Sinon, intervenez début mars, après les fortes gelées. Supprimez toutes les pousses maigres ou malingres et les branches ligneuses, pour ne conserver que les tiges qui établissent la charpente. La coupe doit se situer au-dessus d'un bourgeon orienté vers l'extérieur.

• Les rosiers hybrides de thé doivent être réduits de moitié. Éclaircissez les branches.

• Pour les rosiers buissons à fleurs groupées, rabattez les rameaux mal disposés ou âgés et raccourcissez les branches restantes de deux tiers (conservez 45 cm environ).

• Pour les rosiers arbustes, raccourcissez les tiges principales du quart de la moitié de la hauteur de la tige. Maintenez une forme harmonieuse et éliminez les branches malades ou épuisées.

• Pour tailler les rosiers grimpants, détachez-les de leur support si possible et éliminez les pousses de l'année qui ont fleuri. Taillez les pousses latérales à deux ou trois bourgeons.

Index des recettes

Soupes
Bouillon façon thaï au mimosa, 98
Brasier dans une soupe, 138
Crème aux fleurs de brocolis et de capucines, 80
Soupe d'Héloïse, 38

Entrées
Hibiscus sur toast de prestige, 100
Salade de Julia aux épinards, 58
Frisée fleur bleue, 19

Sauces
Sauce rouge à la verveine citronnelle, 101
Vinaigre d'automne, 83
Vinaigrette fleurie, 20

Plats
Brochettes de poulet et crème parfumée à la glycine, 40
Fumet de bruyère pour une dorade en chemise, 42
Gratin de sédum aux pétales de souci, 141
Grenadins de veau aux chrysanthèmes et leur riz fleuri, 60
Harengs frais marinés au thym et au serpolet, 20
Œufs pochés à la chinoise, 83
Omelette aux pétales d'anthémis, 61
Rouleaux d'été fleuris, 118

Légumes
Céleri au curcuma, 101
Cœurs de laitue braisés aux fleurs, 61
Forestière aux champignons et fleurs d'automne, 37
Friture de capucines, 38
Morilles au jus de chrysanthèmes, 80
Sauté de légumes aux pois de senteur, 23

Desserts
Beignets de fleurs de citronnier et leurs feuilles, 105
Beignets de tulipe à la pomme, 62
Boulettes de riz à la crème de nymphéa, 121
Duo de fleurs d'amour et de soleil, 122
Fruits exotiques et fleurs en nid de coco, 119
Gâteau à l'orange et au jasmin, 104
Gâteau aux pommes et au seringat, 141
Glace à la rose, 43
Mariage d'œillet et de cerises, 144
Milk-shake de neige, 87
Mousse à la mangue, mariée au lys, 84
Oranges givrées au jasmin, 84
Pavé de mars au marron, 142
Pétales de roses et feuilles de menthe cristallisés, 24
Pudding aux fleurs et fruits, 143
Sorbet au pélargonium odorant, 104
Sucre parfumé à l'œillet, 144
Symphonie en blanc avec le gardénia, 102

Boissons
Bouillon glacé au pétunia, 22
Boum cocktail, 36
Bourgogne aligoté à la rose, 22
Coco choco, 118
Floralys, cocktail de fleurs, 143
Jus de carotte Anserina, 116
Thé d'une princesse chinoise, 105
Thé fraîcheur, 116
Thé glacé à l'œillet, 87
Vin chaud aux aromates fleuris, 62
Vin chaud pour frileux, 23
Vodka à la rose, 43

La Ferme de Gally, une invitation au jardin

La Ferme de Gally, qui a appporté son soutien à la réalisation de ce livre, est une entreprise familiale, fruit de plusieurs générations d'expérience dans l'univers du végétal mis au service des consommateurs urbains. Elle a été créée en 1960 dans le but de suivre au plus près l'évolution des besoins et des goûts de clients attirés et séduits par la nature, et d'y répondre au mieux. Cette démarche se fonde sur une philosophie inspirée par un certain nombre de valeurs : la protection de la nature, la redécouverte des sens et le partage de l'environnement.

Installée dans les Yvelines, la ferme de Gally regroupe sous son nom tout un ensemble d'activités et de services (activités agricoles, cueillette en libre-service, paysagisme, jardinerie...) qui touchent trois métiers de la filière agrico-horticole : production, services et distribution. Elle est composée de plusieurs ensembles : la Ferme de Gally, les Jardins de Gally, la Ferme Ouverte et les Jardineries.

> **La Ferme de Gally** est, avant tout une ferme céréalière dont le blé et le maïs sont les cultures principales. Mais elle offre également 40 hectares de potager et de verger dans lesquels chacun peut venir cueillir fruits, légumes et fleurs. D'avril à novembre le public peut profiter des cultures qui se succèdent. L'entrée est gratuite, et les visiteurs, pour lesquels paniers et brouettes sont mis à disposition, ne payent que ce qu'ils ont cueilli (au poids).

> **Le jardin de fleurs comestibles**, imaginé par Alice Caron Lambert, spécialiste de la cuisine des fleurs et Cooky Debidour, styliste paysagiste qui a élaboré le concept esthétique du jardin en forme de fleur, est une réponse à l'engouement du public pour les fleurs. Jardin vitrine, il propose sur plus de 400 m^2 et avec plus de 170 fleurs, une initiation à la redécouverte du goût des fleurs. Un champs de fleurs comestibles à couper et des ateliers de cuisine en sont la prolongation et invitent les visiteurs à apprendre sur place à marier les saveurs et les textures des fleurs.

> Outre ses activités purement agricoles et horticoles, Gally offre aussi des services de paysagisme et de décoration basés sur la volonté de travailler la nature et le végétal en le sortant de son contexte. Cela va de la location des plantes à la conception de décors d'exposition et d'événement, à l'aménagement de terrasses et de patios, ou encore au paysagisme intérieur et extérieur... Dans ce but, et depuis leur création en 1972, **les Jardins de Gally** entretiennent plus de 100 espèces différentes, des variétés les plus connues aux espèces les plus rares. Ils disposent même d'arbres de décoration pouvant atteindre plus de 10 m de hauteur. La richesse de leur serre, alliée à la créativité et au sérieux de leurs bureaux d'études, permettent aux Jardins de Gally de réaliser au mieux les idées et les projets de leurs clients.

> **La Ferme Ouverte de Gally**, à mi-chemin entre la production et le service, est le lieu idéal pour faire redécouvrir aux enfants et à leurs parents la vie d'une ferme en observant les animaux qui y sont élevés (vaches, chèvres, lapins, poules...) et en participant aux activités proposées par des animateurs : fabrication du jus de pomme et du pain, récolte du miel, jardinage et bien d'autres travaux de la ferme en fonction des saisons.

Enfin, avec ces quatre **jardineries** en région parisienne, Gally développe un concept original de distribution. Dédiés à la nature, au jardin et au jardinier, ces magasins sont des lieux de rencontres et d'échanges, où le produit compte autant que les services proposés. Les mises en scène et les décors aux matériaux naturels invitent à développer nos sens ; et tout concourt à transmettre les valeurs fortes issues de nos racines : générosité, authenticité, convivialité, complicité.

La Ferme de Gally
Saint Cyr-l'École
Route de Bailly (78). Tel : 01 34 60 63 30

Les autres jardineries de Gally
Chambourcy. Sur la RN13 (78). Tel : 01 39 65 52 89

Saulx-les-Chartreux. Sur la RN 20, sortie Longjumeau (91).
Tel : 01 69 34 34 44

Claye-Souilly. Sur la RN 3, sortie Claye-Souilly (77).
Tel : 01 60 27 26 36

INDEX DES PLANTES

Absinthe, *Artemisia absinthium*, 66
Absinthe, 57, 66
Achillée, 34
Acorus calamus, 114
Ail des ours, 57
Alysse, p. 31, 34
Amandier de Chine, *Prunus triloba* 'Multiplex', 64
Aneth, *Anethum graveolens*, 68
Aneth, 57, 68
Anthémis, *A. tinctoria* 'Kelwayi alba', 89
Anthémis, *Anthemis punctata cupaniana*, 44, 64
Anthémis, 30, 31, 44, 59, 64, 78, 86, 146
Aponogeton, *Aponogeton distachyus*, 124
Aponogeton, 111, 114, 118, 122, 124
Armoise, *Artemisia vulgaris*, 66
Armoise, 57, 62, 66
Asparagus, 34, 78, 79
Aster, *Aster dumonsus* 'Lady in Blue', A. 'Kippenberg', 47
Aster, *Aster novi-belgii* 'Marie Ballard', 53, 124, 137, 146
Aster d'automne, 137, 146
Aster, *Aster dumosus* 'Dandy', 64
Aster, 34, 47, 57, 67, 78, 124, 133, 137, 146
Astilbe, *Astilbe arendsii* 'Bressinghambeauty', 146
Astilbe, *Astilbe arendsii* 'Etna', 146
Astilbe, *Astilbe chinensis pumila*, 125, 146
Astilbe, 114, 125, 132, 133, 137, 146

Bambou, 75, 79, 132, 133
Bananier, *Musa acuminata*, *M. cavandeshii*, 106
Bananier, 96, 106
Basilic citron, *Ocimum basilicum citriodorum*, 133, 148
Basilic pourpre, 57
Bégonia, *Begonia* 'Lou Anne', 66
Bégonia, *B. Secotiana* 'Van der Meers Glory', 106
Bégonia, *Begonia boweri*, 64
Bégonia, *Begonia semperflorens*, 89
Bégonia, *Begonia x tyberhybrida*, 151
Bégonia, *Begonia x tyberhybrida* 'Jamboree', 66
Bégonia, 30, 52, 57, 66, 78, 89, 94, 96, 106, 151
Berce, *Heracleum mantegazzianum*, 125
Berce à larges feuilles, *Sium latifolium*, 114, 125
Bleuet, *Centaurea moschata*, 64
Bleuet, 53
Bourrache *B. occinalis*, 10
Bruyère, *Erica carnea*, *E. gracilis*, 57, 66
Bruyère, *Erica ciliaris*, 44
Bruyère, *Erica cinerea*, 79, 90
Bruyère, *Erica gracilis*, 47, 57, 66, 79
Bruyère, *Erica x darleyensis*, *E. mediterranea*, 79, 90
Bruyère, 30, 42, 44, 47, 57, 66, 74, 79
Buddleia, *Buddleia* 'Lochinch', 146
Buddleia, 136, 146
Buis, 96
Buyère, 90

Camapnule des Carpates, *Campanula carpatica*, 46, 136, 146
Campanule, *Campanula cochleariifolia* 'Alba', 89
Campanule, *Campanula medium*, *C. latilobia*, 64
Campanule, *Campanula poscharskyana*, 133, 148
Campanule à feuilles rondes, *Campanula rotundifolia* 'Alba', 89
Campanule, 34, 46, 57, 64, 78, 89, 132, 133, 148
Capucine, *Tropaeolum majus*, 66
Capucine, *Tropaeolum*, 46, 89
Capucine 19, 31, 34, 38, 44, 46, 52, 57, 66, 79, 80, 83, 89
Cardamine, *Cardamine trifolia*, *C. pratensis*, 67
Cardamine *Trifolia*, 53, 57, 67
Cattleya, 96, 105, 106
Céanothe, *Ceanothus* 'Gloire de Versailles', 132, 133, 146
Céanothe, *Ceanthus x pallia* 'Perle Rose', 147
Céanothe, 130, 132, 146
Centaurée, *Centaurea dealbata* 'Steenbergii', 46
Centaurée, *Centaurea montana*, 133, 147
Cerfeuil musqué, *Myrrhis odorata*, 57, 68
Châtaigne d'eau, *Trapa natans*, 124
Chèvrefeuille, *Lonicera* 'Hall's Prolific', 136, 148
Chèvrefeuille, *Lonicera x heckrottii* 'Gold Flame', 44
Chèvrefeuille, 30, 31, 35, 44, 130, 133, 136
Chryanthème, *Chrysanthèmun* 'Papa moustache', 64
Chrysanthème, *Chrysanthemum* 'Clara Curtis', 34, 46,
Chrysanthème, *Chrysanthémum* 'Type pompon', 65
Chrysanthème, *Chrysanthémum* 'Tyregaporant', 64
Chrysanthème, *Chrysanthemum coronarium hybrides*, 67
Chrysanthème, *Chrysanthemum rubellum*, 137
Chrysanthème d'automne 'White Bouquet', 137
Chrysanthème des fleuristes, *Chrysanthemum* 'Brasier', 64, 137, 138, 148
Chrysanthème des fleuristes, *Chrysanthemum* type simple 'Rebecca', 91
Chrysanthème des fleuristes, *Chrysanthemum* type simple, 91, 137
Chrysanthème, 20, 30, 34, 36, 57, 58, 64-65, 67, 75, 79, 80, 83, 91, 137
Ciboulette, *Allium schoenoprasum*, 69
Ciboulette, 57, 58, 69, 118
Citronnelle, 98
Citronnier, *Citrus limon*, *Citrus x meyeri*, 94, 106
Citronnier, 94, 96, 105, 106
Consoude, *Symphytum officinale*, 126
Consoude, 114, 126
Coréopsis, 57
Coriandre, *Coriandrum sativum*, 69
Coriandre, 20, 22, 57, 69, 98, 101
Cosmos, 16, 79
Courgette, *Cucurbita pepo*, hybride Tarmino, 136, 148
Crasula, 111
Curcuma, *Curcuma longa*, 106
Curcuma, 94, 96, 101, 106

Dahlia, *Dahlia hybride*, 91
Dahlia, *Dahlia* 'Doris Duke', 137, 151
Dahlia, *Dahlia* 'Dutch Triumph', 'Jocondo' et 'Todira', 67
Dahlia, *Dahlia* 'Marie Françoise', 137, 151
Dahlia, *Dahlia cultivar*, 91, 151
Dahlia, *Dahlia sulfura*, 137
Dahlia, 'Danny', 137
Dahlia, 53, 57, 67, 75, 79, 83, 87, 91, 133, 137
Deutzia, *Deutzia x elegantissima*, 88
Deutzia, 75, 78, 88
Doronic, 31
Dracaena, 96

Elodea *Ceratophyllum*, 111
Érable, 132
Érigéron, *Erigeron karvinskianus*, 91
Érigéron, *Leiomerus* 'Vergerette', 65
Érigéron, 57, 65, 79, 91
Eupatoire, *Eupatorium rugosum*, 148
Eupatoire, 130, 133, 148
Euryale ferox, 124

Fenouil, *Foeniculum vulgare*, 69, 91, 147
Fenouil, 23, 38, 42, 57, 69, 78, 91, 116, 133, 138, 147
Figuier, 122
Forsythia, 30, 34

Gardénia, *Gardenia jasminoide*, 106
Gardénia, 78, 94, 96, 102, 106
Genêt à balai, *Sarothamnus scoparius cytisus scoparius*, *Génista*, 147
Gentiane, *Gentiana* 'Strathmore', 65
Gentiane acaule, *Gentiana acaulis*, 65
Gentiane alpine, 57
Géranium, *Geranium cinereum* 'Ballerina', 133, 149
Géranium, *Geranium sanguineum*, 133, 149
Géranium des balcons, *Pelargonium - zonale - P. x hortorum* 'Blancafour', 89
Geranium des marais, *Geranium palustre*, 114, 126
Géranium, 30, 78, 79, 89, 114, 126, 133, 149
Glycine, *Wistaria venusta*, 88
Glycine, *Wisteria*, 88, 130, 133, 147
Glycine de Chine, *Wisteria sinensis*, 28, 31, 44, 79
Glycine de Chine, 133
Glycine, 28, 30, 31, 40, 44, 75
Grenadier, 75

Hedychium maximum, 114, 126
Hémérocalle, *Hemerocallis* 'Pink Damask', 34
Hémérocalle, *Hemerocallis v. Daglila*, 149
Hémérocalle, 34, 44, 133, 149
Hibiscus, *Hibiscus rosa sinensis*, 107
Hibiscus, 34, 78, 96, 100, 106
Hortensias, 52
Hosta, *Hosta* 'Krossa Regal', 133, 147
Hosta, *Hosta* 'Krossa Regal', *H. plantaginea*, *Funkia alba*, 147
Hosta, *Hosta plantaginea*, 126, 147
Hosta, 114, 126, 133, 147
Hysope, 23, 57, 133

Impatiens, *Impatiens* 'Holstii', 90
Impatiens, *Impatiens hybride I. Holstii x sultarii*, 149
Impatiens, *Impatiens hybrides*, 67, 149
Impatiens, 30, 31, 34, 57, 67, 78, 90, 130, 136, 149

Jasmin, *Jasminum polyanthum*, 88
Jasmin officinal, *Jasminum officinale* 'Alba', 90, 96
Jasmin officinal, *Jasminum oficinalis*, 31, 45, 88, 107, 133, 136, 149
Jasmin, 22, 30, 31, 45, 75, 84, 88, 90, 94, 104, 107, 130, 133, 136, 149
Jonc, 114
Julienne, 30

Laurier, 53, 83
Lavande, *Lavandula angustifolia* 'Vera', 57
Lavande, *Lavandula spica*, 67, 149
Lavande, 23, 57, 60, 67, 133, 143, 149
Lavatère, *Lavatera thuringiaca* 'The Barnsley', 78, 133, 147
Lavatère, 78, 132, 133
Lierre, 31, 34, 75
Lilas, *Syringa afghanica*, 65
Lilas, 53, 65
Lin, *Linum* 'Himmelszelt', 47

158

Lin, *Linum*, 30, 31, 133, 149
Lis, *Lilium longiflorum*, 88
Lis blanc, *Lilium regale*, 78, 96, 107, 149
Lis 'Élegantissima', 78
Lis rose, *Lilium rubellum*, 107
Lis, 53, 78, 84, 88, 94, 96, 107, 143
Lotus des Indes, *Nelumbo nucifera*, 114, 124
Lotus, 114, 116, 121
Ludwigia sprengeri, 114
Lysimaque ponctuée, *Lysimachia punctata*, 126

Magnolia, 53
Mahonia, *Mahonia aquifolium*, 67
Mahonia, 53, 67
Mandarinier, *Citrus reticulata*, 107
Mandarinier, 96, 107
Maranta, 96
Marjolaine sauvage, *Origanum vulgare*, 57, 69, 151
Marjolaine, 57, 69, 143
Matricaire officinale, *Tanacetum parthenium*, 67
Matricaire, 57, 67,
Mauve, *Malva sylvestris*, 57, 65
Mauve, 57, 65
Menthe poivrée, *Mentha x piperita*, 126
Menthe, *Mentha* 'Preslia Cervina', 118, 121, 126
Menthe, *Mentha rotundifolia* 'Variegata aquatica', 126
Menthe, *Mentha suaveolens* 'Variegata', 45
Menthe, *Mentha suaveolens*, 88
Menthe aquatique, *Mentha aquatica*, 114, 118, 127
Menthe, 30, 43, 45, 84, 87, 88, 116, 114, 121, 126
Millepertuis, 50, 57
Mimosa, *Acacia dealbata A. retinodes*, 107
Mimosa, *Acacia retinodes, A. floribunda*, 65
Mimosa, 53, 65, 94, 96, 98, 107
Myosotis, *M. alpestris* 'Boule Bleur', 132
Myosotis des marais, *Myosotis palustris* 'Mermaid', 114, 124
Myosotis, 19, 114, 124

Nénuphar, *Nymphaea alba, N. odorata* hybrides, 121, 125
Nepeta, *Nepeta nervosa*, 47
Nepeta, *Nepeta x faassenii*, 45
Nepeta, 30, 34, 47, 57, 143, 149
Nymphaea alba, 114, 121
Nymphaea, 114, 115, 121
Nymphoide peltata, 110, 114, 118, 125

Œillet, *Dianthus* 'Feux d'Anjou', 45
Œillet de rocaille, *Dianthus arvernensis*, 78, 79
Œillet d'Inde, *Tageta patula*, 47, 52
Œillet de Chine, *Dianthus chinensis* 'Fire Ball', 150

Œillet de Chine, *Dianthus chinensis*, 133, 144, 149
Œillet de rocaille, *Dianthus arvenrensis*, 90
Œillet mignardise, *Dianthus plumarius* 'Desmond', 65
Œillet mignardise, *Dianthus plumarius*, 57, 65
Œillet, 30, 34, 45, 52, 65, 79, 87, 90, 133, 144, 149, 150
Œnanthe, *Oenanthera fistulosa*, 127
Œnothère des marais, *Ludwiga grandiflora*, 125
Olivier, 30, 34, 75
Onagre, 114
Oranger doux calamondin, *Citrus sinensis*, 107
Oranger, 96, 107
Origan, 57
Orpin remarquable, *Sedum spectabile*, 79, 91
Osier, 10, 13, 17, 132
Oxalis, *Oxalis adenophylla, O. acetosella*, 57, 67,

Pâquerette, *Bellis monstrosa*, 45,
Pâquerette, *Bellis perennis* 'Monstrosa', 147
Pâquerette, 30, 45, 57, 79
Passiflore, *Passiflora caerulea*, 45
Passiflore, 30, 31, 45
Pavot, *Papver alpinum a. sendtenri, P. nudicaule*, 88
Pavot de Californie, *Eschscholzia californica*, 10, 132, 150
Pavot des Alpes, *Papaver alpinum sendtneri*, 45, 88
Pavot d'Islande, *Papaver nudicaule*, 34, 79, 88, 91, 133, 150
Pavot, 78, 88, 91, 132, 133, 150
Pavot, *Papaver orientale*, 31
Pavot, *Papaver Romneya coulteri*, 57
Pélargonium, *Pelargonium crispum* 'Angel', 57, 68
Pélargonium, *Pelargonium zonale* 'Blancafour', *P. tomentosum*, 90
Pélargonium odorant, *Pelargonium tomentosum*, 107
Pélargonium, 79, 90, 94, 96, 104, 107
Pensée, *Viola x wittrockiana*, 45, 65, 147
Pensée, 30, 31, 45, 57, 65, 133, 147
Persil simple, *Petroselinum crispum*, 58, 78
Persil, 20, 38, 58, 59, 78, 101, 118, 141
Pervenche, *Vinca minor*, 147
Pervenche, 136, 147
Pétunia, *Petunia* 'Cascade blanche', 90
Pétunia, 19, 20, 22, 34, 78, 79, 90
Phlox, *Phlox paniculata*, 147
Phlox, 30, 132, 147
Pissenlit, 22
Pivoine, *Paeonia maxima* 'Festiva', 133, 148

Pivoine, *Paeonia officinalis* 'Alba Plena' et 'Rubra Plena', 65, 78
Pivoine de Chine, *Paeonia lactiflora*, 46, 88
Pivoine des jardins, *Paeonia officinalis* 'Rubra Plena', 46, 65, 78
Pivoine, 34, 46, 57, 58, 59, 88
Pois, *Pisum sativum* 'Téléphone' nain, 78, 90
Pois de senteur, 23
Pois, 78, 90
Populage des marais, *Caltha palustris*, 114, 127
Potentille, *Potentilla fruticosa* 'Abbotswood', 91
Potentille ansérine, *Potentilla anserina*, 116, 127
Potentille blanche, *Potentilla alba* hybrides, 68,
Potentille, 57, 68, 79, 91, 114
Preslia Preslia Cervina, *Ludwigia clavellina*, onagre, 118, 127
Primevère, *Primula beesiana*, 127
Primevère, *Primula bulleyana*, 127
Primevère, *Primula florindae*, 127
Primevère, *Primula japonica*, 127
Primevère, *Primula malacoides*, 53, 65
Primevère, *Primula malacoides, obconica* 'Elvire' et *Primula vulgaris*, 65
Primevère, *Primula obconica*, 53, 65
Primevère de Chine, *Primula denticulata*, 46
Primevère oreille d'ours, *Primula auricula rowena*, 46
Primevère, 17, 30, 31, 38, 46, 53, 65, 78, 114, 127
Primevère, *Primula vialii*, 17, 127
Prunier, 53

Reine des prés, *Filipendula ulmaria*, 114, 127
Romarin, *Rosmarinus officinalis*, 69
Romarin officinal, 57, 69
Roquette, *Eruca vesicaria sativa*, 69
Roquette, 57, 69
Rose, 13, 22, 24, 38, 43, 62, 143
Rosier, *Rosa* 'César', variété Maisardan, 136, 150
Rosier, *Rosa centifolia variegata*, 151
Rosier, *Rosa* 'Clair Matin', variété Meimout, 132, 136, 150
Rosier, *Rosa* 'Cocktail', 31, 47,
Rosier, *Rosa* 'Concorde', variété Meireilbat, 150
Rosier, *Rosa* 'Épidor Belépi' Delbard, 133, 150
Rosier, *Rosa* 'Eurostar', variété Poulred, 150
Rosier, *Rosa* 'Gold Glow', création Mauryflor, 31, 47, 133, 150
Rosier, *Rosa* 'Honoréde Balzac', variété Meiparnin, 136, 150
Rosier, *Rosa* 'Iceberg', 75, 88
Rosier, *Rosa* 'La Passionnata', 31, 34, 47

Rosier, *Rosa* 'Mme Alfred Carrière', 75, 88
Rosier, *Rosa* 'Niccolo Pagannini', 137, 150
Rosier, *Rosa* 'Santana', 34, 38, 47
Rosier, *Rosa* 'Sultane', 31, 47, 89
Rosier, *Rosa* 'Tino Rossi', variété Meicelna, 136, 150
Rosier, *Rosa* 'Vierge Folle', variété Delvirge, 75, 89, 133, 151
Rosier, *Rosa* 'Wenlock', 53, 68
Rosier, *Rosa* 'White Perfection' variété Meicelna, 136
Rosier, 16, 30, 31, 34, 47, 57, 68, 74, 75, 78, 79, 88-89, 130, 132, 136, 137, 150

Sauge, *Salvia grahamii*, 31, 34, 47
Sauge, *Salvia haematodes*, 46
Sauge, *Salvia sinaloensis*, 69
Sauge, 30, 31, 34, 46, 47, 57, 69
Sédum, *Sedum sieboldii*, 137
Sédum, *Sedum spectabile, S. sieboldii*, 151
Sédum, 132, 133, 137, 141, 151
Seringat, *Philadelphus coronarius, P.* 'Virginal', 75, 89
Seringat, *Philadelphus*, 72, 75, 89, 132, 141, 151
Serpolet, 12, 20, 40
Souci, *Calendula* 'Juraçon', 151
Souci, 133, 141, 151
Stratiotes, 111

Tagète, 20
Tamaris, 75
Tanaisie, *Tanacetum vulgare*, 23, 68
Tanaisie, 23, 57, 68
Thym citronnelle, *Thymus x citriodorus variegatus*, 23, 57, 69, 91, 151
Thym sauvage, 12
Thym, 12, 20, 22, 23, 62, 69, 83, 91, 141
Trèfle d'eau, *Menyanthes trifolia*, 114, 125
Trèfle des prés, 13
Tulipe, *Tulipa* 'Queen of Sheba', 'À fleurs de lis', 66
Tulipe, *Tulipa darwin* 'Niphetos', 66
Tulipe, 30, 53, 62, 66

Verveine, *Verbena*, 151
Verveine citronnelle, *Lippia citriodora*, 78, 91, 96, 101, 107
Verveine des jardins, *Verbena x hybrida* 'Compacta', 90
Verveine officinale, *Verbena officinalis*, 68
Verveine, 57, 68, 78, 90, 91, 107, 151
Vigne, 75, 79
Violette odorante, *Viola odorata*, 78, 79, 89, 130
Violette, *Viola odorata* 'Alba', 148
Violette, 30, 133, 136, 142, 148

BIBLIOGRAPHIE

- Richard Bird, *Les Trésors du jardin naturel*, Éditions du Lierre, 1990.
- Lesley Bremness, *Les Plantes aromatiques et médicinales*, Paris, Bordas, 1996.
- François Cheng, *D'où jaillit le chant, La voie des fleurs et des oiseaux dans la tradition des Song*, Paris, Phébus, 2000.
- François Couplan & Eva Styner, *Guide des plantes sauvages comestibles et toxiques*, éditions Delachaux et Niestlé, 1994.
- *Encyclopédie des fleurs et plantes de jardin*, Sélection du Reader's Digest, 1991.
- Alastair Fitter, *Les fleurs sauvages*, éditions Delachaux et Niestlé, 1976.
- Nelly Grosjean, *L'Aromathérapie*, Paris, Albin Michel, 1993.
- *Jardins et plantes d'intérieur*, Encyclopédie Truffaut, Paris, Bordas, 1999.
- Heynitz Merckens, *Le Jardin bio-dynamique*, Stuttgart, Éditions Eugen Ulmer, 1987.
- Anita Péreire, *Encyclopédie pratique du jardin*, Paris, Hachette, 1994.
- Clarissa Pinkola Estès, *Femmes qui courent avec les loups*, Paris, Grasset, 1996.
- Paul Schauenberg & Ferdinand Paris, *Guide des plantes médicinales*, Delachaux et Niestlé, 1977.
- Cao Xueqin, *Rêve dans le pavillon rouge*, Pléiade-UNESCO, 1981.

LES BONNES ADRESSES

- Patrick Nicolas, 8, sentier du Clos Madame, 92190 Meudon. Tel : 01 45 34 09 27, http://www.patricknicolas.fr. (Plantes vivaces, herbes aromatiques, arbustes)
- Germinance, Les Rétifs, 49150 St-Martin d'Arcé. Tel : 02 41 82 86 48 (Sur catalogue par correspondance : graines florales aromatiques potagères et condimentaires, engrais verts bio-dynamiques)
- Profertyl, BP 204, 14209 Hérouville St-Clair. Tel : 02 31 47 15 90 (Ventes par correspondance : engrais organiques)
- Magellan, ZA Les Landes, 24290 La Chapelle Aubareil. Tel : 05 53 51 22 25 (VPC sur catalogue : engrais et minéraux organiques, insecticides, insectes utiles, poudre de roche, engrais folières)
- Biaugerme, 47360 Montpezat. Tel : 05 53 95 95 04 (VPC : graines condimentales florales potagères, engrais vert)
- Agenda 2001. Revue des 4 saisons du jardinage, BP 20, 38710 Mens (Sur commande)
- Les Nouveaux Robinsons, Jean Baptiste Clément, 91100 Boulogne. Tel: 01 41 10 94 10.
- Marché biologique, boulevard Raspail, entre la rue d'Assas et la rue de Rennes, 75007 Paris. (Dimanche matin.)

REMERCIEMENTS

Pour les Jardins, Xavier et Dominique Loreau, Ava et Bernard Hervier, Mme Bernard Paoli et ses enfants, Gérard Montassier, M. et Mme Vallette, Les co-propriétaires du 12 rue Cassini, Jean Clarence Lambert, Les Jardins Aquatiques d'E. J. (3 Le Puy Fondu, 78125 Gazeran), Deborah, Nicole Philippe, Raphaëlle Caron Martin, David Tissier, Gisèle et Paul Duroy, Baba Limousin, Mari-Luz Gomez, Patrick et David de Gally, M. Renaudineau, et toute l'équipe de la jardinerie de Gally.

Pour le Stylisme, les galeries : Luohan, 21 quai Malaquais 75006, Paris (antiquités chinoises) ; Sentou, 26 Boulevard Raspail 75007, Paris ; Galerie de Verneuil, 45 rue de Verneuil, 75007 Paris (antiquités). *Les boutiques :* Ariasapore, 24 rue Pastourelle, 75003 Paris ; Atelier N'O, 21 avenue Daumesnil, 75012 Paris ; Blanc d'Ivoire, 104 rue du Bac, 75006 Paris ; Compagnie Française de l'Orient et de la Chine, 167 Boulevard St-Germain, 75006 Paris ; Constance Maupin, Art de la table Décor de la maison, 11 rue du Dr Goujon, 75012 Paris ; Le Coutelier de Laguiole, 13 rue Abel, 75012 Paris ; Créations Mathias, 117 rue de Charenton, 75012 Paris ; L'Entrepot, 50 rue de Passy, 75016 Paris ; Fragonard, 196 Boulevard St-Germain, 75007 Paris ; Le Jardin d'Olaria, 5 rue de Médicis, 75006 Paris ; Lalique, 11 rue Royale, 75008 Paris ; L. Legrand Filles et Fils, 1 rue de la Banque, 75002 Paris ; La Maison Coloniale, 94 avenue du Maine, 75014 Paris ; La Maison Ivre, 38 rue Jacob, 75006 Paris ; Maison Thuillier, 8 place St-Sulpice, 75006 Paris ; Mat-Flor, 182 avenue des Pépinières, BP 500, 94 64 8 Rungis Cedex ; Mis en Demeure, 27 rue du Cherche-Midi, 75006 Paris ; Olaria, 30 rue Jacob, 75006 Paris ; Les Olivades, 1 rue de Tournon, 75006 Paris ; Les Olivades, 21 Avenue Niel, 75017 Paris ; Palais Royal, 13 rue des Quatre-Vents, 75006 Paris ; Quimper Faience, 84 rue St-Martin, 75004 Paris ; Saillard, 8 rue de Richelieu, 75001 Paris ; Siècle, 24 rue du Bac, 75007 Paris.

Responsables éditoriales : Laurence Basset et Nathalie Bailleux
Secrétariat d'édition : Camille le Clere
Responsable artistique : Sabine Houplain
Conception graphique : Corinne Pauvert Thiounn
Correction et relecture : Isabelle Macé et Evelyne Brossier

Photogravure : QUADRILASER
Achevé d'imprimer sur les presses de POLLINA , à Luçon - n° L82388
Dépôt légal : 8855, avril 2001
ISBN : 2.84277.306.3
34/1468/7-01